早安 이야기로 배우는 아름다운
韩国语

中级

집필진

이광호
국립공주대학교 사범대학 국어교육과 교수

도희금
명석중학교 교사

중국어 감수 및 도움

권혁률(길림대학교수)
최미령(북화대학교수)
이경백(하이난대학교수)
강정음(하이난대학교수)
황량(지주대학교수)
홍윤기(국립공주대학교 한민족문화교육원)
박현수(국립공주대학교 한민족문화교육원)
이정미(반포중학교 교사)
김미강(국립공주대학교 대학원)
이성용(강원명진학교 교사)

中级 早安 이야기로 배우는 아름다운
韩国语

초판 1쇄 인쇄   2017년 10월 16일
초판 1쇄 발행   2017년 10월 20일

지 은 이 이광호 · 도희금
삽   화 안소라
중 국 어 이하교 · 우청
펴 낸 이 박찬익
편 집 장 권이준
책임편집 강지영

펴 낸 곳 (주)박이정
주   소 서울시 동대문구 천호대로 16가길 4
전   화 (02)922-1192~3
팩   스 (02)928-4683
홈페이지 www.pjbook.com
이 메 일 pijbook@naver.com
등   록 2014년 8월 22일 제305-2014-000028호

I S B N 979-11-5848-321-0 (13710)

* 책값은 뒤표지에 있습니다.

早安韩国语

이야기로 배우는 아름다운

이광호·도희금 저

中级

한

(주)박이정

　이 책을 기획한 것은 2015년 여름이다. 제자 이경백 선생이 하이난대학교로 발령을 받아 고향인 사평을 방문하면서 그동안 오랜 교유가 있었던 길림대학교 권혁률 교수를 만나 시작되었다. 요사이 한국어 교재가 마땅치 않다는 말을 듣고 고민을 하기 시작했다. 그리고 이러한 고민은 2015년 겨울에 하이난 대학교를 방문하여 외국어학부장인 왕 주임을 만나서 구체화 되었다. 교재로 사용할 수 있는 책을 만들어 달라고 간곡히 부탁을 하였기 때문이다. 그래서 그 학교에서 교재로 사용하는 것들을 살펴보니 사용하는 어휘가 이미 오래된 것들로 가득하였다. 그리고 내가 근무하는 공주대학교와 교류를 맺고 있는 북화대학과 제자 황량 선생이 근무하는 지주대학과도 연락을 취하여 교재를 구해 보았더니 사정은 마찬가지였다.

　이런 시기에 마침 박이정출판사의 박찬익 사장님을 만나서 사정 이야기를 하였더니, 교재 개발비를 지원할 것이니 책을 만들자고 제안을 하셨다. 이 책은 이러한 계기로 이루어졌다. 이후 공주대학교의 한민족교육문화원의 양병찬 원장이 교재에 대한 간접적 지원을 약속하였고, 일은 순조롭게 이루어지는 것 같았다.

　하지만 책을 만드는 과정은 순탄치 않았다. 처음 욕심으로는 청각장애를 가진 사람들이 언어를 습득하는 과정을 반영하는 것이 바람직할 것으로 생각하였다. 그래서 특수교육을 전공한 도희금, 이성용, 김미강 선생을 합류시켰다. 한국어교육과 관련해서는 홍윤기, 이정미 선생이 담당하도록 하였다. 하지만 책의 구성은 욕심대로 되지 않았고 지금까지 출판된 책들의 또 다른 아류를 만드는 것 같아 마음 한 구석이 아렸다. 다들 현직에 몸담고 있어서 시간도 그렇게 넉넉지 않았다. 그러던 중에 애초에 출판사와 약속한 기일도 넘기게 되고 마음만 바빴다.

　우여곡절 끝에 그래도 다행스러웠던 것은 도희금, 안소라 선생의 열정이었다. 도희금 선생은 밤잠을 설치며 초고를 다시 뜯어고치고 내용을 보충하는 노력 끝에 그런대로 책의 모양을 갖추었다. 여기에다 안소라 선생의 삽화는 빛이 났다. 저작권 문제를 고려하지 않아도 되는 좋은 작품들을 책에 쏟아 부었다.

이런 저런 사연들 속에 그래도 기존의 책들과 차별성이 있는 책을 드디어 출판사로 넘겼다. 지금까지 많은 저서를 만들었지만 이렇게 마음을 졸이게 하는 책은 처음이다. 평생 어휘론, 의미론, 국어사 연구에 매달려온 필자에게는 완전히 생소한 영역이기 때문이다. 물론 필자는 한국어 교육과 관련한 논문 지도와 북화대 학생들에 대한 한국어 지도를 지금까지 담당하고 있다.

우리가 외국어를 공부하면서 얼마나 많은 시간들을 낭비했는지를 생각하면, 더욱 큰 책임감을 느낀다. 그렇지만 이 책은 전공도서로서 가지는 학문적 요소보다는 언어를 습득시켜야 하는 실용도서로서의 성격이 강하다. 당연히 한국어를 배우고자 하는 많은 학생들의 평가를 받아야 한다. 그리고 실질적 도움을 줄 수 있어야 한다.

이 책은 문법 항목을 제일 마지막에 배치했다. 실제로는 문법요소를 배제할 것도 고민하였지만 아직 현실은 그렇지 않았다. 외국인 학생들을 대상으로 하는 토픽(TOPIK) 시험도 감안해야 했기 때문이다. 그렇지만 이 책으로 공부한 사람이면 한국인에게 한마디라도 자신 있게 말을 걸 수 있도록 하는 데 주안점을 두었다. 이야기를 통해서 재미있는 학습이 이루어지도록 만들었고, 어휘의 수준을 한국인이 사용하는 빈도를 참작하여 구성하였다. 모쪼록 이 책이 한국어 학습자들에게 좋은 동반자가 되기를 기대한다.

이 책은 정말 많은 사람들에게 도움을 받았다. 박찬익 사장님의 고마운 투자, 권이준 편집장님과 강지영 팀장님의 알뜰한 검토 및 편집, 표지디자인에 애를 쓰신 황인옥 팀장님께는 어떤 감사의 말씀을 드려도 부족할 것 같다. 처음 함께 작업을 시작했던 홍윤기, 박현수, 이성용, 김미강, 이정미 선생에게도 고마움을 표한다. 그리고 한국어를 중국어로 번역한 이하교, 우청, 왕단위 선생에게는 미안함과 고마움이 함께 한다. 중국어 번역은 늘 마지막 작업이었기에 원고를 급하게 전달하였기 때문이다. 그런데도 불평 없이 일을 마무리 해줘서 너무 고맙다. 고생해서 만든 이 책이 세상에 빛을 볼 수 있도록 노력하는 것은 지금부터 시작인 것 같다.

저자대표 이 광 호

　　计划这本书是从2015年夏天开始的。我的学生李更百到海南大学任教，于是我去了他的家乡四平，借此机会又去见了吉林大学的权赫律教授，从而促成了这件事。我听到近年来的韩国语教材不尽如人意的消息感到很苦恼。这种思虑在2015年冬天访问海南大学见到外国语系主任王主任后变得具体化。因为他诚恳地拜托我编写一本韩国语教材。因此我翻阅了他们学校所使用的韩国语教材，发现书上充斥的都是很久以前使用的词汇。与此同时，我与公州大学的姊妹学校北华大学和我的学生黄亮工作的知州大学取得联系，查看了他们的教材，发现情况基本相同。

　　正在这时见了博而精出版社的社长朴赞盒，叙述了这种情况后，朴社长决定支援开发教材的经费并共同进行教材的制作。本书就是在这样的契机下开始的。在此之后幸得公州大学韩民族教育院杨丙灿院长承诺对教材制作进行间接支援，由此，教材制作事业得以顺利开展。

　　但制作教材的过程并非一帆风顺。最初认为将听觉障碍者学习语言的过程借鉴到教材中是件很可行的事情。所以特别邀请了专攻特殊教育的都禧昐，李城镕，金美江等老师加入制作团队。并邀请从事韩语教育工作的洪允基，李廷美老师作为本书制作过程的负责人。但教材的结构并没能尽如人意，与至今已出版的书籍相比较起来，似乎落入俗套，因此我内心饱受煎熬。由于大家忙于本职工作，并没有充足的时间制作教材。就这样，当初与出版社约定的时间所剩无几，我心有余而力不足。

　　几经波折后，幸而有都禧昐，安소라 老师们努力工作的热情。都禧昐老师不分昼夜地修改和补充初稿内容，使得教材终于形成雏形。在此之上安소라老师的插画更是锦上添花，将所有好的情景画面倾注于书中，且毫无著作权担忧。

虽然有各种各样的原委，但最终还是开发出了有别于现有书籍的教材并移交给出版社。虽然至今为止我写过很多书，但如此使我内心焦虑的书，本教材还是第一次。因为这对平生投身于词汇论，意味论，国语史研究的作者来说是一个完全崭新的领域。当然作者至今进行过许多韩国语教育的论文指导，并且负责对北华大学的学生们进行韩国语指导。

　　若想想我们在学习外语时浪费了多少时间，便更有一种强烈的责任感油然而生。本书相比起专业图书所具有的学术性内容，作为学习语言的实用性图书特点更鲜明。当然这需要由学习韩国语的同学们来进行评价，并能对韩语学习者产生实质性的帮助。本书把语法部分排列在每课内容的靠后位置。其实有想过将语法从书中去掉，但实际上没能这样做，因为考虑到外国学生的韩国语能力考试。本书的着重点在于，通过此教材学习韩国语的学生们可以对韩国人自信地说韩语，哪怕一句话。通过情景故事来使韩语学习更有趣，韩语词汇水平由韩国人使用的词汇频度为标准进行衡量。谨希望本书能成为韩语学习者的好伴侣。

　　本书受到了许多人的帮助。有投资本书的朴赞益老板，细心校正与编辑的權彝俊主编和姜志泳组长，还有辛勤设计封面的黄仁玉组长。对这几位的感激之情溢于言表。同时，也要对最初一起工作过的李城镕，金美江，李延世美老师表达感谢。还要对将韩语精心翻译成中文的李荷桥，尤婧，王丹纬等老师表达诚挚的歉意与谢意。因为中文翻译是最后一个阶段，经常需要紧急作业。要对即便如此也毫无怨言努力完成的她们表达感谢。为让这本用辛劳凝结成的教材与世人见面，所需要做的努力将从现在开始。

作者代表 李 光 镐

차 례

1. 처음부터 끝까지 이어지는 심쿵 로맨스 스토리

한국의 대학교에 입학한 중국유학생이 대학생활을 하면서 겪을 수 있는 다양한 상황들을 본문에 담았습니다. 각 과의 본문은 주인공 유진과 친구들의 우정과 사랑을 그려 독자로 하여금 본문의 내용을 익히는 것만으로도 웃음과 감동을 줄 수 있도록 구성하였습니다. 한 권의 소설을 읽듯 책의 내용은 처음부터 끝까지 이어져 있어서 다음 과의 내용이 궁금하도록 꾸며 외국어학습에 재미를 더하였습니다.

2. 집필진이 직접 그린 삽화

책을 기획하기 시작한 순간부터 삽화를 담당하는 집필진이 책의 구성에 대해 깊은 이해력을 갖고 삽화작업을 하였습니다. 여러 차례 회의를 통해 본문의 내용에 가장 적합한 삽화, 외국어학습에 가장 효과적인 완성도 높은 삽화를 구성하였습니다. 신비하면서도 섬세한 그림체로 표현되어 딱딱한 학습이 아닌 하나의 만화를 즐길 수 있도록 하였습니다.

3. 상황이미지로 많은 어휘를 한 번에 익히기

단순히 단어를 나열하는 것이 아니라 본문의 이야기를 상황이미지로 나타내어 상황과 관련된 많은 어휘를 사진을 찍듯 한 번에 익힐 수 있습니다. 언어공부의 기본인 단어를 효과적이고 즐겁게 익힐 수 있도록 구성하였고 TOPIK 시험에서 자주 나오는 단어와 실생활에서 사용할 수 있는 단어를 선정하였습니다.

4. 확장과 응용이 쉬운 구문 연습

본문의 기본문장에서 나온 문법요소들의 의미를 익히고 충분히 응용할 수 있는 내용을 선별하였습니다. 정확한 의미와 형태를 익혀 다양한 문장에 응용하고 연습문제를 통해 정확한 문법요소의 사용을 연습할 수 있습니다. 여기에서 나온 구문 연습들을 완벽하게 익히고 나면 그 위에 더 다양한 구문들을 쌓아가는 것이 점점 쉬워질 것입니다.

5. 회화의 감을 높일 수 있는 말하기 연습

본문에서 꼭 익혀야 하는 중요한 표현을 삽화와 함께 제시하여 실제 주인공이 되어 수업 시간에 친구와 말하기 연습을 할 수 있습니다. 상황의 자연스런 흐름을 예상하면서 생생한 한국어 표현을 익히고 회화의 감을 높일 수 있습니다. 실제 상황에서 자연스럽게 쓸 수 있는 표현만을 엄선하여 누구나 배우기 쉽고 또 배운 표현을 통해 다양한 응용이 가능하도록 구성되어 있습니다.

6. 생생한 재미를 느끼는 생활 속의 한국어

중급에서는 각 과의 주제와 연결하여 실생활에서 자주 볼 수 있는 영화표, 광고문, 승차권, 메뉴판, 지하철 노선도 등을 제시하였습니다. 예를 들어, 주인공 유진이 학교 식당에서 주문을 하는 3과에서는 실제 메뉴판을 보고 물음에 답할 수 있도록 구성하여 주제와 관련하여 실생활에서는 한국어가 어떻게 사용되고 어떠한 방법으로 정보를 얻을 수 있는지 알기 쉽도록 하였습니다. 또한 한국의 문화와 사고를 이해하는데 도움이 되는 속담, 관용어를 대화문 속에 포함시켜 대화문을 연습하는 과정에서 흥미를 가지고 자연스럽게 사용하도록 하였습니다.

7. 무安 시리즈로 완성하는 한국어

이 책은 학습의 단계에 따라 초급 1·2, 중급 1·2, TOPIK 시리즈로 구성되어 있습니다. 한국인의 사용 빈도를 고려하여 단계별로 어휘 목록과 구문을 선정하였습니다. 철저한 연구 분석과 함께 한국의 문화를 재미있는 이야기로 엮어 낸 무安시리즈로 한국어를 쉽고 빠르게 익힐 수 있습니다.

1. 有始有终的心动浪漫故事

本书展现了来韩国读大学的中国留学生在读书期间遇到的各种情景。每一课的内容都由宥真和朋友们的友情与爱构成，使得读者在学习内容的同时也能感受到欢乐与感动。如同小说一样，从头至尾内容连贯，使人产生欲知后事如何的心情，更加赋予了韩语学习的乐趣。

2. 专业团队亲自制作插图

在计划这本书开始的一刻，便有专业的团队在对书籍结构深入理解的基础上开始制作插图。通过多次会议，最终选出与本文内容契合度最高，对外语学习效果最佳，并且完成度最高的插画。详细生动的图画使得原本生硬枯燥的学习多了一层神秘的面纱和乐趣。

3. 利用情景画面来学习大量词汇

比起单纯词汇的罗列，本书将故事的内容以图画的形式来展现，使得与情景相关的词汇如图画般一目了然，易于学习。词汇的掌握对语言学习至关重要，如此构书可以有效又愉快地学习词汇，并且所选词汇均为韩国语能力考试与日常生活中常见词汇。

4. 能更简单进行扩展和应用的语法练习

本书文章中主要选取能够充分体现语法含义并且能充分运用到生活中的内容。准确理解语法的含义和形态，应用于多样的句子中，并且通过课后习题来练习语法的准确使用。完全掌握相应语法，使得以后更多样的韩语语法积累变得相对容易。

5. 能够提升会话感觉的口语练习

本文将必须掌握的重要词组表达由插画的形式来展现，使得学生可以身临其境扮演角色与朋友进行会话练习。能够在自然的情景对话中更加生动地熟悉掌握韩语表达，提升会话感觉。严选实际情景中所应用的韩语表达，便于学习者学以致用， 并可以在此基础上触类旁通，举一反三，有助于提高韩语学习者的会话技巧。

6. 能够感受到生动乐趣的生活韩国语

中级教材主要将每课的主题内容与实际生活相结合，展示了常见的电影票，广告，车票，菜单，地铁路线图等内容。例如，书中第三课，主人公宥真在学校食堂点餐，展示了实际看着菜单进行对答的主题内容，是为了更加清楚地展现在实际生活中怎样应用韩国语，怎样获取信息内容，更易于学习者理解。并且为了便于学习者理解韩国的文化和思维，在对话中插入相关的俗语，惯用语，使学习者在练习对话时能增添趣味，韩语的表达应用上更加自然。

7. 早安系列韩国语

本书根据学习韩语的不同阶段，由初级1·2，中级1·2，TOPIK 一系列构成。词汇和语法的选取上充分考虑到韩国人的使用频率，按阶段选取。通过深刻研究，将韩国文化与有趣的情景会话相结合，完成早安系列图书，将更易于韩语学习者对韩语的学习。

韩语音标分为母音和子音。子音：气流在口腔的通道上不受到阻碍而发出的就是子音，共有21个：ㄱ, ㄴ, ㄷ, ㄹ, ㅁ, ㅂ, ㅅ, ㅇ, ㅈ, ㅊ, ㅋ, ㅌ, ㅍ, ㅎ, ㄲ, ㅆ, ㄳ, ㄹ, ㄵ, ㄶ, ㄼ, ㄽ, ㄾ, ㅀ, ㄻ, ㅄ, ㄺ。母音是以天地人的原理来创造的。母音按发音过程中是否改变嘴唇形状和舌头位置而分为单母音和双母音。单母音有10个：ㅏ, ㅓ, ㅗ, ㅜ, ㅡ, ㅐ, ㅔ, ㅚ, ㅟ。双母音有11个：ㅑ, ㅕ, ㅛ, ㅠ, ㅒ, ㅖ, ㅘ, ㅙ, ㅞ, ㅝ, ㅢ。

韩字是由子音和母音互相拼写构成的。韩文里面的母音相当於中文中文拼音的韵母，它不能单独作为一个单词来使用，只有和子音相拼写才能构成一个字或者单词。同样韩文里面的子音相当于中文拼音的声母，它也不能单独作为一个字或者发音。只有和母音相拼写才能构成一个字或者单词。韩语是表音语言，能说就能写，生词也能正确拼读出来，相当于韩语拼音；汉语是表意语言，用的是象形和会意词。

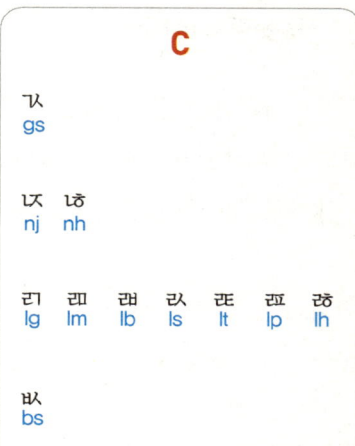

〈韩文音节分首，中，尾三部分〉

A + B	가, 나, 다…
A + B + A	각, 간, 감…
A + B + C	넋, 삶, 닭…
○(ng) + **B**	아, 어, 오…

A

ㄱ	ㄴ	ㅁ	ㅅ	ㅇ
g,k	n	m	s	ng

	ㄷ	ㅂ	ㅈ	
	d,t	b,p	j	

ㄲ	ㄸ	ㅃ	ㅆ	
kk	tt	pp	ss	

			ㅉ	
			jj	

ㅋ	ㅌ	ㅍ	ㅊ	ㅎ
k	t	p	ch	h

ㄹ				
r,l				

B

ㅏ	ㅓ	ㅗ	ㅜ	ㅡ	ㅣ
a	eo	o	u	eu	i

ㅐ	ㅔ	ㅚ	ㅟ	ㅢ	
ae	e	oe	wi	ui	

ㅑ	ㅕ	ㅛ	ㅠ		
ya	yeo	yo	yu		

ㅒ	ㅖ	ㅘ	ㅝ		
yae	ye	wa	wo		

ㅙ	ㅞ				
wae	we				

C

ㄳ						
gs						

ㄵ	ㄶ					
nj	nh					

ㄺ	ㄻ	ㄼ	ㄽ	ㄾ	ㄿ	ㅀ
lg	lm	lb	ls	lt	lp	lh

ㅄ						
bs						

(1)句子：

    1，韩文是以谓语结尾的语言。它的主要句子结构是：主语＋宾语＋谓语。

    2，修饰语放在被修饰语前面。

    3，省略句子主语的现象较多。

(2)词：

    1，韩文是助词，词尾发达的粘着语。

    2，敬语体系发达。

    3，没有语法方面的阴，阳性区别。

(3)音节：

    韩文音节分首，中，尾三部分。

    1，忌讳词头首音出现闪音或子音群。

    2，对词末尾音节出现的子音有限制。

(4)音韵：

    1，有母音和谐现象。

    2，有松音，送气音，紧音的区别。

(5)词汇：

    1，词汇的种类：

        A，不变词：体词：名词，代词，数词；

            修饰词：冠词，副词；

            独立词：感叹词；

            助词：格助词，补助词；

        B：可变词：谓词：动词，形容词。

유진아, 왜 그래?

미영아. 한글이 너무 어려워

한글을 어떻게 하면 빨리 익힐 수 있을까?

한글은 가장 과학적이고 배우기 쉬운 글자야.

나한테는 새로운 문자라 어렵게 느껴져.

한글이 왜 만들어졌는지 알면 재미있게 익힐 수 있을 거야.

그래?

응. 우리가 처음부터 한글을 사용했던 것은 아니야.

한글이 만들어지기 전에는 중국의 한자를 사용하였어.

16

그렇다면 자음은?

ㄴ!!

그렇지.

자음은 사람의 입술, 목구멍, 혀, 이 같은 조음기관의 모양을 본떠서 만들었어. 이 그림을 보면 알 수 있어.

 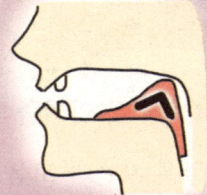 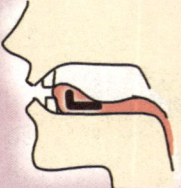  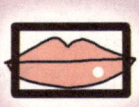 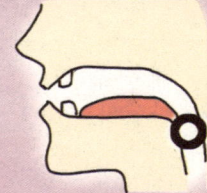

아! 진짜 조음기관의 모양과 문자가 비슷해. 그런데 한글의 자음은 다섯 개 보다 더 많잖아.

다섯 개의 자음에서 획을 더해서 나머지 자음들이 만들어졌어.

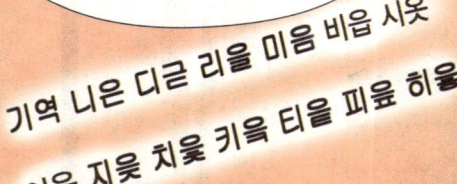

기역 니은 디귿 리을 미음 비읍 시옷
이응 지읒 치읓 키읔 티읕 피읖 히읗

신기하다!

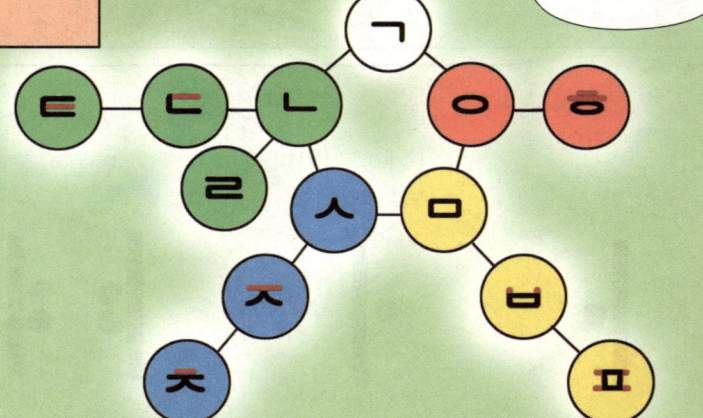

ㄱ과 ㅋ의 경우 발음기관의 같은 위치에서 소리가 나는데,
ㅋ은 ㄱ을 조금 더 세게 발음하면 나는 소리이기 때문에 ㄱ에 획을 더하여 만들어진 글자야.

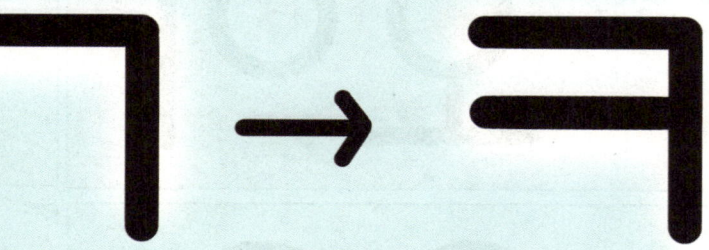

한글의 자음과 모음을
모두 익히면
이제 한글로 된 책을
다 읽을 수 있는 거니?

조합의 원칙만 알면
이제 한글 배우기는
끝이야.

자음과 모음이
결합한다는 거야?

ㄱ + ㅏ

그래!
지금까지 배운 자음과
모음이 4가지 방식으로
합쳐져.

4가지?

첫 번째, 모음만으로 이루어진 글자야.
아, 야, 어, 여, 오, 요, 우, 유, 으, 이
열 개 글자만 일단 먼저 익혀봐.

모음만으로?
이건 너무 쉽다.

| 아 | 야 | 어 | 여 | 오 |
| 요 | 우 | 유 | 으 | 이 |

쉽지?
모음만 알아도
단어를 만들 수 있어.
한 번 읽어볼래?

오이

 오이?
먹는 오이?

우유

그렇지! 잘 했어!
이번에는?

 우유?
와! 이제 내가 한글을
읽는다!

아이

 아이?
꼬마 아이?

맞아! 두 번째는, 지금까지 익힌 모음 열 개가
자음과 하나씩 합쳐질 거야.

아! 그렇구나!
ㄱ이 모음을 만나는 것이구나!

가	갸	거	겨	고
교	구	규	그	기

 ㄱ + ㅏ

 ㄱ과 ㅏ가 만나면 '가'
ㄱ과 ㅑ가 만나면 '갸'

가, 갸, 거, 겨, 고,
교, 구, 규, 그, 기

유진아!
이번에는 이 단어를 한 번 읽어볼래?

가구

가구

고기

아기

고기

아기

그래, ㄱ이 들어 있는 단어들도 쉽게 읽을 수 있겠지?

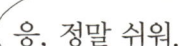
응, 정말 쉬워.

자음과 모음이 서로 만나서 소리를 낸다는 것만 기억하면 돼!

자음이 어떤 소리가 나는지 익혀 모음과 합치면 되겠구나.

그래, 맞아. 자음이 어떤 형태로 만들어졌는지 원리를 앞에서 익혔으니 쉽게 자음과 모음이 결합된 문자를 발음할 수 있을 거야.

ㄱ에서 획을 더해 ㅋ이 된 것처럼?

그렇지! 이번에는 ㄴ을 모음과 합쳐보자!

나	냐	너	녀	노
뇨	누	뉴	느	니

ㄴ + ㅏ

좋아!
나, 냐, 너, 녀, 노, 뇨, 누, 뉴, 느, 니

제법인데! 그렇다면 단어들도 읽어 봐!

나이

나이

누나

누나

그래! 여기까지 했으면 한글을 거의 다 배웠다고 할 수 있어.

뒷면의 기본모음익히기와 기본자음익히기를 충분히 연습하세요!

그런데 자음과 모음이 결합된 글자인 '가' 밑에 자음이 하나 더 있는 글자도 있는데 이건 어떻게 읽어야 해?

그것이 세 번째, 자음과 모음에 자음 즉, 받침이 결합된 형태야.

???

감? 감이라고 읽으면 될 것 같아! 먹는 감.

22

응, 그렇게 읽는 거야.

Good !

이건?

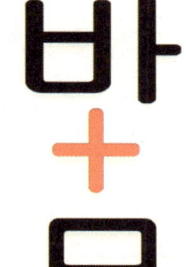

밤

앞에서 모두 배운 소리라 쉽지?
우리가 알고 있는 자음 중에서
7개의 자음이 받침에 들어갈 수 있어.

ㄱ ㄴ ㄷ ㄹ
ㅁ ㅂ ㅇ

뒷면의 받침익히기를 충분히 연습하세요!

야

모음과 자음이
결합하는 형태야.

마지막 네 번째는
뭐야?

그건 알겠다. '아'나 '야' 같은
모음에 받침이 붙는 거구나?

한글이 어떻게 만들어졌는지
설명을 들으니 재미도 있고 쉬워.
네 덕분에 한글로 된 책을
이제 읽을 수 있겠는걸?
정말 고마워!

그래!
유진이 너 벌써 한글을
모두 익힌 거 같은데?

1. 기본모음 익히기

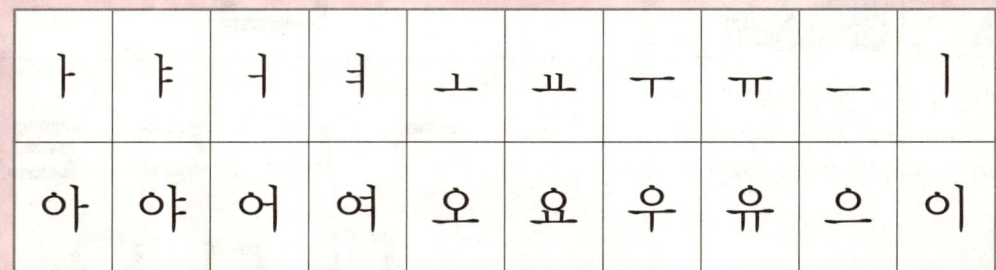

ㅏ	ㅑ	ㅓ	ㅕ	ㅗ	ㅛ	ㅜ	ㅠ	ㅡ	ㅣ
아	야	어	여	오	요	우	유	으	이

우유

아이

오이

2. 기본자음 익히기

가	갸	거	겨	고	교	구	규	그	기

가구

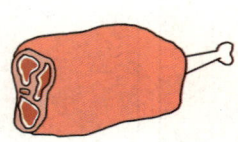

고기

아기

나	냐	너	녀	노	뇨	누	뉴	느	니

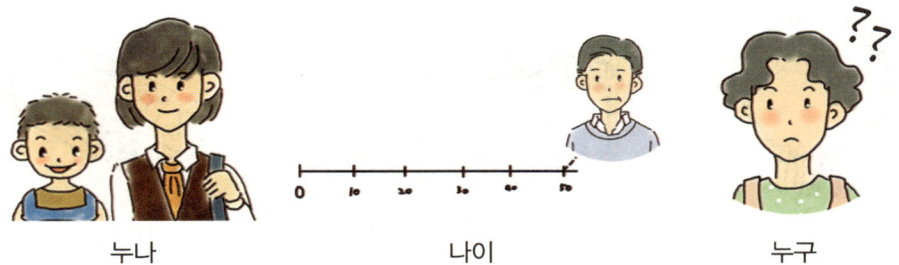

누나 　　　　　　 나이 　　　　　　 누구

다	댜	더	뎌	도	됴	두	듀	드	디

기도 　　　　　　 구두 　　　　　　 도구

라	랴	러	려	로	료	루	류	르	리

고리

다리

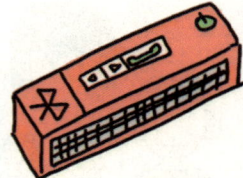
라디오

마	먀	머	며	모	묘	무	뮤	므	미

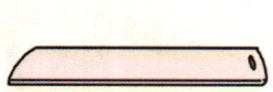
도마

모기

거미

바	뱌	버	벼	보	뵤	부	뷰	브	비

바구니

부모

보라

사	샤	서	셔	소	쇼	수	슈	스	시

소리

버스

사고

자	쟈	저	져	조	죠	주	쥬	즈	지

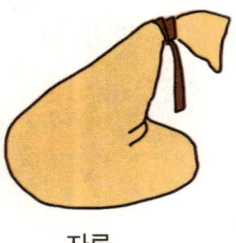

자루

가지

조개

차	챠	처	쳐	초	쵸	추	츄	츠	치

차비

치마

고추

카	캬	커	켜	코	쿄	쿠	큐	크	키

커피

코

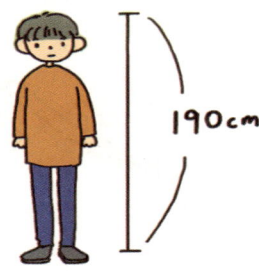
키다리

타	탸	터	텨	토	툐	투	튜	트	티

타조

토마토

기타

파	퍄	퍼	펴	포	표	푸	퓨	프	피

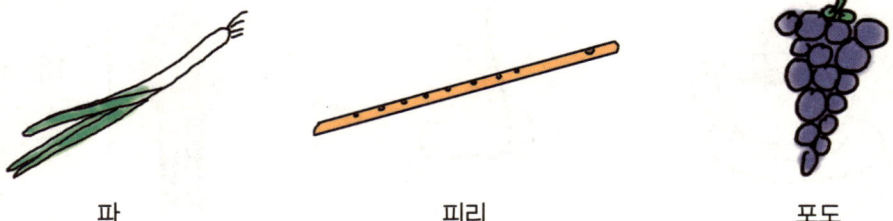

파 피리 포도

하	햐	허	혀	호	휴	후	휴	흐	히

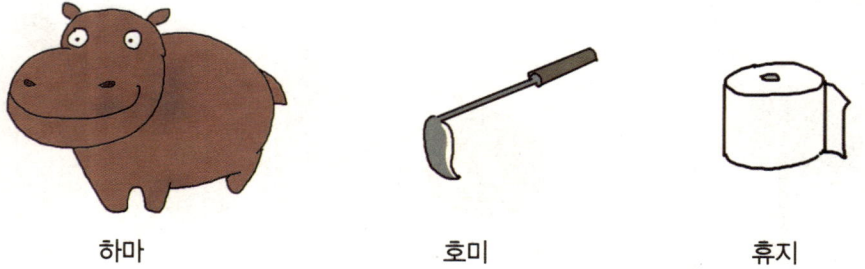

하마 호미 휴지

3. 받침 익히기

ㄱ　약　북　학

ㄴ　산　연　돈

ㄷ　돋보기　숟가락　낟알

ㄹ　불　돌　실

ㅁ　곰　밤　점

ㅂ　밥　컵　입

ㅇ　종　콩　총

이유진

한국으로 유학을 온 새내기 중국 유학생.
성격이 쾌활하고 매사가 긍정적이다.
학생회장인 김수현에게 호감을 갖고 있다.

李宥真
来韩国留学的中国留学生，性格开朗，做事积极，暗恋学生会会长。

김미영

유진의 룸메이트. 차분한 성격으로 유진이의 한국 생활을 도와준다.

金美英
宥真的室友，性格沉着冷静，在宥真的韩国生活中提供了很多帮助。

김수현

유진이 학과의 학생회장.
활달하고, 잘생긴 얼굴로 인기가 많다.
유진이가 좋아하는 것을 알고 있지만, 내색하지 않는다.

金秀贤
宥真同专业的学生会会长，性格豁达，长相出众，颇有人气。虽然知道宥真喜欢自己，
但不露声色。

박재욱

유진이의 동급생. 유진이에게 호감을 갖고 있다.
그러나 자신의 마음을 잘 표현하지 않는다.
뒤에서 묵묵히 유진이를 도와준다.

朴在旭
宥真的同学，暗恋宥真。可是，并没有表露自己的真心，在背后默默地帮助宥真。

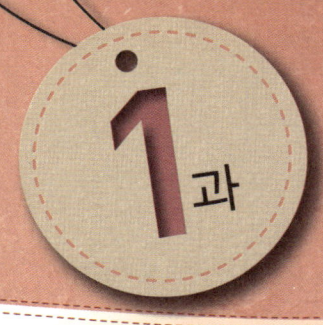

1과 수강신청

학습목표

• 안부 묻는 인사하기, 수강신청 확인하기

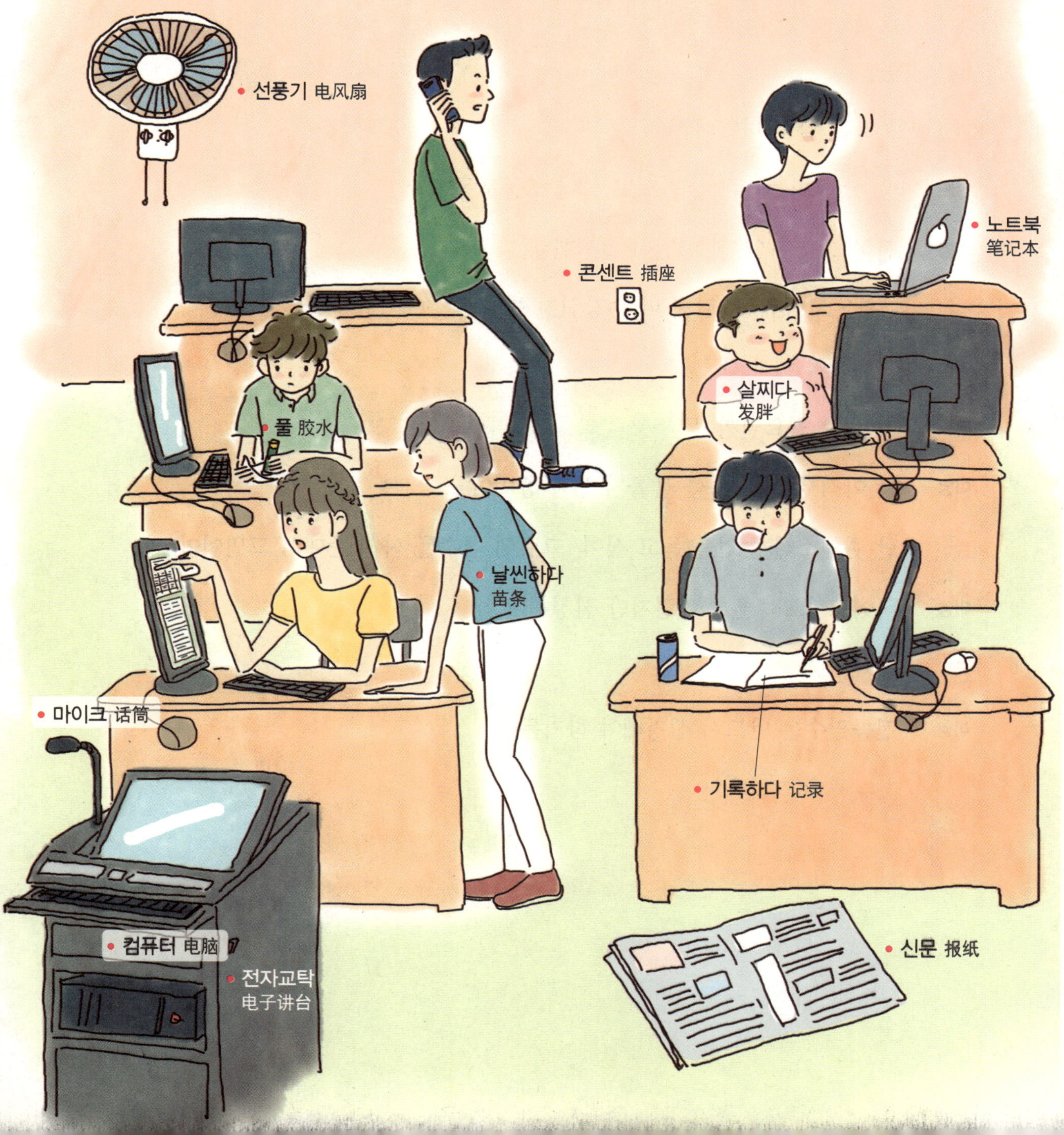

선풍기 电风扇
노트북
笔记本
콘센트 插座
풀 胶水
살찌다
发胖
날씬하다
苗条
마이크 话筒
기록하다 记录
컴퓨터 电脑
전자교탁
电子讲台
신문 报纸

(개학을 앞두고 처음 만난 유진과 미영은 새 학기 수강신청에 대해 이야기한다. / 开学前初次见面的宥真和美英在谈论有关新学期选课的事情。)

미영 유진아! 방학 잘 보냈니?

유진 응.

미영 중국은 잘 다녀왔어?

유진 응. 엄마가 해 주신 밥 먹고 살이 포동포동 쪘어.

미영 전혀 그렇지 않아. 여전히 날씬한데.

유진 그래? 고마워. 그런데 너 수강신청 했니?

미영 언제까지 해야 해?

유진 다음 주 월요일까지.

미영 난 아직 무슨 과목을 들을지 생각 중이야.

유진 난 현대소설 수업을 듣고 싶어. 그런데 점수를 짜게 준대서 고민이야.

미영 국어교과교육론은 어렵지만 신청해야 해.

유진 왜?

미영 전공필수는 반드시 신청해야 하거든.

방학 잘 보냈어요?

네.

언제까지 신청해야 하나요?

다음 주 월요일까지 신청해야 해요.

국어교과교육론은 왜 신청하나요?

전공필수는 반드시 신청해야 하거든요.

점수를 짜게 주다

- 선생님이 학생 점수를 낮게 주는 것을 말한다.

  예 저 사람은 부자라도 남을 돕는 일에는 항상 **짜다**.

  주인집은 이웃에게 너무 **짜게** 굴어 인심을 잃은 지 오래다.

여름 강좌 수강신청 안내

−교육기간 : 7월 3일(월)~8월 11일(금)(6주간)

−접수기간 : 6월 12일(월)~6월 30일(금)

−강좌안내

강좌	강사	요일	시간	수강료	강의실
태권도	김영철	월	오후 7시	50,000원	502호
가야금	유지영	수	오후 6시	40,000원	303호
한식조리	정은하	화	오전 10시	50,000원	404호
한국어	민재혁	월	오전 11시	30,000원	106호

1. 여름 강좌는 몇 주 동안 열리나요?

2. 가야금 강좌는 무슨 요일에 하나요?

3. 한식조리를 배우고 싶어요. 몇 호로 가야 해요?

4. 여름 강좌를 신청하고 싶으면 언제까지 접수해야 해요?

5. 태권도와 한국어를 배우는 데 드는 수강료는 얼마인가요?

구문연습

1 **―지만** 表示对立转折，相当于汉语的 "虽然…但是…"。

• 앞의 말을 인정하면서 뒤의 절에 상반되는 사실이 이어짐을 나타내는 말

> **보기**
>
> 민지는 예쁘다, 성격이 나쁘다
>
> ▶ 민지는 <u>예쁘지만</u> 성격이 나쁘다.

연습문제

※ 다음 빈칸에 알맞은 단어를 넣어 문장을 완성해 보세요.

1. 사탕은 달콤하다, 몸에 좋지 않다

▶ _____

2. 오늘은 학교에 간다, 내일은 학교에 가지 않는다

▶ _____

3. 경아는 공부를 잘한다, 석훈이는 공부를 못한다

▶ _____

4. 성수는 말랐다, 힘은 세다

▶ _____

5. 하늘이 어두워졌다, 비는 오지 않았다

▶ _____

2 **-어/아서** 表原因。

• 앞의 절이 뒤의 절에 대한 원인이나 근거가 됨을 나타내는 말

보기	어제 비를 맞았다, 감기에 걸렸다
	▶ 어제 비를 **맞아서** 감기에 걸렸다.

연습문제

※ 다음 빈칸에 알맞은 단어를 넣어 문장을 완성해 보세요.

1. 정수는 잘 먹는다, 키가 크다

▶ _____

2. 민경은 점심을 굶었다, 배가 고프다

▶ _____

3. 유진과 재욱은 싸웠다, 서로 말을 안 한다

▶ _____

4. 어제 자전거를 탔다, 다리가 아프다

▶ _____

5. 미영은 공부를 열심히 했다, 시험을 잘 봤다

▶ _____

2과 기숙사

학습목표

• 약속하기, 다른 사람의 말 전달하기

가구 家具

전등 电灯

빰 面颊

담요 毯子

상상하다 想象

탁상시계 闹钟

원피스 连衣裙

커피 咖啡

잠옷 睡衣

주전자 壶

만화 漫画

가위 剪刀

동전 硬币

라디오 收音机

얼음 冰

대화

(이른 아침부터 일어나 학교에 갈 준비를 하는 미영 / 美英早早地就起来了，做好上学的准备)

유진   지금 몇 시야?

미영   6시.

유진   왜 이렇게 일찍 일어났어?

미영   그냥 눈이 떠지던걸.

유진   아침부터 꽃단장이네.

(당황하며 / 惊慌状)

미영   꽃단장은 무슨? 평소랑 똑같이 화장하는데.

유진   참! 학교 정문 앞에 수제 돈가스집이 생겼대. 오늘 점심 거기서 먹자.

미영   그래? 그런데 어쩌지? 나 오늘 약속이 있어.

유진   누구랑?

미영   음. 친구랑.

유진   그래? 그럼 어쩔 수 없지. 알았어. 수업 끝나고 만나자.

왜 이렇게 일찍 일어났어요?

그냥 눈이 떠졌어요.

학교 정문 앞에 수제돈가스집이 생겼어요.
오늘 거기서 점심을 먹을까요?

저는 오늘 약속이 있어요.

친구랑 약속이 있어요.

그럼 어쩔 수 없죠.
수업 끝나고 만나요.

1 꽃단장

- 여러 가지 아름다운 색깔의 옷이나 화장 따위로 곱게 꾸미거나 가꾸는 것을 뜻한다.

  예 오월은 들녘도 산들도 **꽃단장**을 하는 아름다운 달이다.

  아가씨는 새 저고리를 입고 **꽃단장**을 하여 선녀가 내려온 것처럼 고왔습니다.

2 눈이 떠지다

- (눈이) 벌린 상태로 되다.

  예 소희는 기다리던 소풍날 아침이 되자 저절로 **눈이 떠졌다**.

  그녀가 나타나자 졸려서 감기려던 **눈이 번쩍 떠졌다**.

기숙사 일과 시간 안내

■ **식사 시간**

아침 : 07:30~08:30

점심 : 11:30~13:30 (단, 토·일·공휴일 12:00~13:00)

저녁 : 17:30~19:00 (단, 토·일·공휴일 18:00~19:00)

■ **폐문 시간**

24:00~04:30

1. 기숙사는 몇 시에 문을 닫나요?

2. 기숙사는 몇 시부터 문을 여나요?

3. 기숙사 아침식사 시간은 몇 시부터입니까?

4. 주말에는 몇 시에 점심식사를 할 수 있습니까?

5. 평일 저녁에는 몇 시부터 저녁식사를 할 수 있습니까?

구문연습

1 **-(으)ㄹ 수 없다** 表示一个行为或状态的能力或可能性与否，相当于 不能，不能够"，不可以"。

• 어떤 일의 불가능함이나 어떤 행위의 거부 의사를 나타내는 말

> 보기
> 술을 마셔서 운전할 수 없어요.(운전하다)

연습문제

※ 다음 빈칸에 알맞은 단어를 넣어 문장을 완성해 보세요.

1. 허리가 아파서 _____ (움직이다)

2. 눈이 와서 _____ (나가다)

3. 다리를 다쳐서 _____ (걷다)

4. 고추가 매워서 _____ (먹다)

5. 연필이 없어서 _____ (쓰다)

2 **-(느)ㄴ대** "(느)ㄴ대" 是间接引语陈述式 "는다고 합니다" 的缩略语形式。

• '-(느)ㄴ다고 해'가 준 말. 이미 알고 있거나 다른 사람에게 들은 어떤 사실을 상대방에게 옮겨 전하는 뜻을 나타내는 말

> 보기
>
> "미영이가 곧 결혼해요."
>
> ▶ 미영이가 곧 **결혼한대**.

연습문제

※ 다음 빈칸에 알맞은 단어를 넣어 문장을 완성해 보세요.

1. "지금 서울은 비가 내린다."

   ▶ _____

2. "정은이는 아파서 오늘 못 온다."

   ▶ _____

3. "다음 주 월요일부터 백화점이 세일을 한다."

   ▶ _____

4. "손을 깨끗하게 씻으면 감기를 예방할 수 있다."

   ▶ _____

5. "내일 소풍을 가요."

   ▶ _____

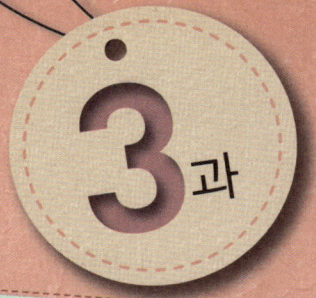

3과 학교 식당

학습목표

• 음식 주문하기, 메뉴 선택하기

• 누르다 按

• 조리원 料理师

• 가리키다 指点

• 설겆이 洗碗

• 칼 刀

• 도마 菜板

• 당근 胡萝卜

• 썰다 切

• 들어오다 进来

• 고무장갑 橡皮手套

• 붓다 倒

• 스프링쿨러 自动喷水装置

• 식판 餐盘

• 버리다 丢掉

• 바나나 香蕉

• 티슈 餐巾纸

• 커피믹스 速溶咖啡

• 먹이다 喂

• 볶음밥 炒饭

• 비빔밥 拌饭

(혼자 점심을 먹으러 학생식당으로 가던 유진은 재욱을 만난다. / 独自一人去学生食堂吃饭的宥真见到了在旭。)

유진　재욱아! 밥 먹으러 가니?

재욱　응. 미영이는 어디 갔어?

유진　몰라. 약속이 있대. 오늘 나랑 점심 같이 먹을래?

재욱　좋지!

(학교 식당 게시판의 추천 메뉴를 보는 재욱과 유진 / 在旭和宥真看着学校食堂公告牌上推荐的食谱)

재욱　오늘의 추천 메뉴는 치즈돈가스네.

유진　나 돈가스가 정말 먹고 싶었는데.

재욱　하하하. 무한 긍정 유진이. 그럼 돈가스로 통일!

유진　통일?

재욱　같은 메뉴를 주문할 때 통일이라고 말해.

유진　하하하. 재미있는 말이네.

재욱　오늘은 내가 한 턱 낼게.

유진　무슨 좋은 일 있어?

재욱　하하하. 그런 게 있지.

유진　알았어. 다음에는 내가 사줄게.

말하기 연습

미영이는 어디에 갔어요?

약속이 있대요.

오늘의 추천 메뉴는 치즈돈가스예요.

마침 돈가스가 먹고 싶었어요.

무슨 좋은 일이 있나요?

그런 게 있어요.

1 메뉴 통일

- 메뉴를 통일한다는 것은 전부 같은 음식을 시키는 것을 말한다.

  예 우리 모두 비빔밥으로 **통일**할게요.

  짜장면으로 **통일**할게요.

2 한턱내다

- 어떤 사람이 다른 사람에게 음식을 대접하는 것을 말한다.

  예 오늘은 짠돌이 현수가 **한턱낸다**는데 도대체 무슨 일인지 궁금하다.

  어제 공돈이 생겼으니 제가 여러분들에게 **한턱내겠습니다**.

학생 식당 개업 기념

- 개업 날짜 : 3월 14일
- 장소 : 본관 3층

중식 4,500원	석식 4,000원
〈할인〉	〈추첨〉
2주 동안 중식 500원 할인	2주 동안 매일 10명 추첨 무료식권 배포
기간: 3월 14일 (월) ~ 3월 25일(금)	기간: 3월 14일 (월) ~ 3월 25일(금)

1. 학생 식당의 석식은 얼마입니까?

2. 2주 동안 무료식권은 몇 명에게 주어집니까?

3. 학교 식당이 2주간 할인을 하는 이유는 무엇입니까?

4. 학교 식당은 어디에 위치하고 있습니까?

5. 학교 식당이 개업하는 날짜는 언제입니까?

구문연습

1 -(으)러 表示目的意图，前面不能加时制词尾。只用于动词，表示前一动作是后一动作的目的。

• 동사에 붙어, 오거나 가는 이동의 목적을 나타내는 말

> **보기**
>
> 꽃을 찾다, 숲속으로 들어가다
>
> ▶ 꽃을 **찾으러** 숲속으로 들어갔어요.

연습문제

※ 다음 빈칸에 알맞은 단어를 넣어 문장을 완성해 보세요.

1. 책을 빌리다, 도서관에 가다

   ▶ _____

2. 통장을 만들다, 은행에 가다

   ▶ _____

3. 아르바이트를 하다, 편의점에 가다

   ▶ _____

4. 설날에 가족을 만나다, 고향에 가다

   ▶ _____

5. 휴대전화를 고치다, 서비스센터에 가다

   ▶ _____

2 **−(이)랑 같이 −자** 相当于汉语的 "和" "与" "同" "跟" 谁一起做某事，主要用于口语中。

• 다른 사람에게 어떤 행동을 함께 할 것을 청하는 말

> 보기
>
> 내 친구, 가다
>
> ▶ 내 친구랑 같이 가자.

연습문제

※ 다음 빈칸에 알맞은 단어를 넣어 문장을 완성해 보세요.

1. 내 동생, 먹다

▶ _____

2. 엄마, 요리하다

▶ _____

3. 선생님, 문제를 풀다

▶ _____

4. 나, 영화를 보다

▶ _____

5. 할아버지, 고향에 가다

▶ 이번에는 _____

성격

학습목표

• 감정 표현, 성격 표현

• 판매게시판 售卖公告栏

• 온도계 温度计

• 금연 禁烟

• 오븐 烤箱

• 냄비 小锅

• 뛰어나가다 跑出去

• 도시락 盒饭

• 우울하다 忧郁

• 놀라다 受惊

• 넘어지다 摔倒

• 뿌리다 撒

• 정리하다 整理

• 조미료 调料

(학교 식당에서 함께 밥을 먹으며 성격에 대해 이야기하는 유진과 재욱 / 在学校食堂里, 宥真和在旭一边吃饭一边谈起了有关性格方面的事)

재욱 유진아! 너는 밝아서 참 좋아.

유진 밝다고? 반짝반짝?

재욱 하하하. 성격이 밝아서 좋아. 솔직한 것도 좋고.

유진 아하! 성격!

재욱 너는 우울한 일이 있어도 긍정적으로 생각하는 것 같아.

유진 재욱이 너는 착하고 섬세하잖아.

재욱 너한테 칭찬을 들으니 기분이 좋은데.

유진 그런데 사실 나 요즘 고민이 있어.

재욱 털털한 유진이에게 고민이 있다고? 뭔데?

유진 기숙사 떨어졌어.

재욱 정말? 그럼 방을 구해야겠네.

유진 응. 어떻게 해야 할지 막막해. 마음이 무거워.

당신은 성격이 밝고 솔직해요.

당신은 착하고 섬세해요.

요즘 저에게 고민이 있어요.

당신에게 고민이 있다고요?

방을 구해야겠네요.

어떻게 해야 할지 막막해요.

재미있는 한국어

1 (시험에) 떨어졌어요

- (사람이 시험이나 선거 따위에서) 뽑히거나 합격하지 못하다.

  예 입학시험에 **떨어지다**.

  그는 지난 국회 의원 선거에서 **떨어지고** 말았다.

2 마음이 무거워요

- (사람이) 걱정이 많다.

  예 석영이는 시합이 있는 날에 몸이 좋지 않아 **마음이 무거웠다**.

  선생님께서 떠나시니까 **마음이 무겁다**.

<성격 유형 검사>

자신에게 해당하는 것에는 ○, 해당하지 않는 것에는 × 표시하세요.

1. 나는 집에 있는 것이 편하다. (   )

2. 나는 새로운 사람을 만나도 어색하지 않다. (   )

3. 나는 모르는 사람을 만나는 일이 피곤하다. (   )

4. 나는 의견을 말하기에 앞서 신중히 생각하는 편이다. (   )

5. 나는 혼자서 오랜 시간 동안 일을 잘하는 편이다. (   )

6. 나는 일할 때 친해진다. (   )

7. 나는 쇼핑을 갈 때 적지 않고 그냥 가는 편이다. (   )

8. 나는 자유로운 것을 좋아한다. (   )

9. 나는 외모에 관심이 많다. (   )

10. 나는 끈기가 부족하다. (   )

11. 나는 따지기를 좋아한다. (   )

12. 나는 조용한 음악을 좋아한다. (   )

13. 나는 준비물을 잘 챙긴다. (   )

14. 나는 계획을 세워 공부를 한다. (   )

15. 나는 뒷마무리나 정리가 부족하다. (   )

구문연습

1 **─아/어도** 表示假设性的让步, 即姑且承认甲事实 (是一种假设或估计的情况), 但不影响乙事实。
相当于汉语的 "即使…也…"。

• 앞 절의 사실을 양보하여 가정하나 그것이 뒤에 오는 절의 내용에는 아무런 상관이 없음을 나타내는 말

보기

정말 힘들다, 이 일은 내일까지 꼭 끝내야 하다

▶ 정말 **힘들어도** 이 일은 내일까지 꼭 끝내야 합니다.

연습문제

※ 다음 빈칸에 알맞은 단어를 넣어 문장을 완성해 보세요.

1. 하루 종일 찾다, 찾을 수가 없다

▶ _____

2. 똑같은 재료로 만들다, 맛이 같지 않다

▶ _____

3. 밥을 먹다, 배가 부르지 않았다

▶ _____

4. 개가 짖다, 주인은 나오지 않았다

▶ _____

5. 캔디는 슬프다, 울지 않는다

▶ _____

2 **―(으)려고** 用于动词词干后面，当主语是活动体时表示意图，当主语是非活动体时可以表示推测，类似于汉语的"想要"、"要"、"打算"等。

• 어떤 행동을 할 목적이 있음을 나타내는 표현

> 보기
>
> 가족들과 저녁을 먹다, 집에 일찍 들어간다
> ▶ 가족들과 저녁을 **먹으려고** 집에 일찍 들어간다.

연습문제

※ 다음 빈칸에 알맞은 단어를 넣어 문장을 완성해 보세요.

1. 집에 가다, 버스를 탔다

▶ --

2. 한국 드라마를 보다, 한국어를 배웠다

▶ --

3. 부모님께 편지를 쓰다, 책상에 앉았다

▶ --

4. 머리를 자르다, 미용실에 갔다

▶ --

5. 대학교에 진학하다, 한국에 왔다

▶ --

5과 방 구하기 I

학습목표

• 방 구하는 방법 및 표현하기

• 가로수 行道树

• 신호등 信号灯

• 건물 建筑物

○○부동산

• 부동산 房地产

• 매매 买卖

• 임대 租赁

위층 楼上

• 전세 包租 • 월세 月租

• 녹색 绿色

• 계단 楼梯 • 인도 人行道

• 양보하다 让步

• 승객 乘客

• 버스기사 公交车司机 • 시내버스 市内公交车

• 도로 道路

(기숙사에 떨어져서 고민하는 유진을 위해 재욱은 집을 구하는 방법에 대해 알려준다. / 宥真由于没能申请上宿舍而正在发愁的时候，在旭告诉了宥真有关找房子的方法。)

유진　어떻게 해야 할지 모르겠어.

재욱　부동산에 가서 알아봐도 되고, 휴대전화 앱으로도 정보를 찾을 수 있어.

유진　부동산?

재욱　응. 일단 부동산 앱부터 깔아 봐.

유진　알았어.

(부동산 앱을 깔고 집 정보를 살펴보는 유진과 재욱 / 下载好房屋中介软件后，宥真和在旭一同查看着房屋信息)

유진　전세가 무슨 뜻이야?

재욱　전세는 보증금을 내고 약속한 기간 동안 집을 빌리는 거야.

유진　그럼 월세는 무슨 뜻이니?

재욱　월세는 다달이 집세를 내는 거야.

유진　척척박사네. 그런데 진짜 어렵다. 난 지금 돈이 많지 않은데 어쩌지?

재욱　그럼 월세로 한번 알아보자.

말하기 연습

어떻게 해야 할지 모르겠어요.

부동산에 가서 알아보면 돼요.

전세가 무슨 뜻이에요?

보증금을 내고 약속한 기간 동안
집을 빌리는 거예요.

저는 지금 돈이 많지 않은데 어쩌죠?

그럼 월세로 한번 알아봅시다.

척척박사

- 무엇을 물어보든지 거침없이 척척 대답하거나 해결하는 사람.

  예 그녀는 친구들의 질문에 항상 대답을 잘해서 **척척박사**라고 불렸다.

  그는 자칭 **척척박사**였다.

주택 월세 기본 정보

- 임대금액: 보증금 300만 원 / 월세 35만 원
- 크기: 22평
- 구조: 방 2 / 화장실 1 / 베란다 1
- 층수: 2층
- 교통 정보: 지하철역 도보 10분, 버스정류장 도보 5분
- 주변 상권: 병원, 영화관, 편의점
- 학군: 한국초등학교
- 등록자: 한국공인중개사 이희라(HP: 010-1234-5678)

1. 위의 매물을 등록한 사람의 연락처는 무엇입니까?

2. 주택은 몇 층에 있습니까?

3. 화장실은 몇 개 입니까?

4. 걸어서 버스정류장까지 얼마나 걸리나요?

5. 임대 금액은 얼마입니까?

구문연습

1 **-(으)니까** 表示原因、理由、根据。
주要用于命令句和共动句，它的前面也是自己的主观感受，然后提出命令、共动或自己的意志。

• 앞 절이 뒤의 절에 대한 원인이나 이유가 됨을 나타내는 말.

보기

가을은 시원하다, 독서하기에 좋아요.

▶ 가을은 **시원하니까** 독서하기에 좋아요.

연습문제

※ 다음 빈칸에 알맞은 단어를 넣어 문장을 완성해 보세요.

1. 내일은 새벽에 출근해야 하다, 일찍 자야 해요

▶ _____

2. 차가운 아이스크림을 많이 먹다, 배가 아파요

▶ _____

3. 민수는 친구를 잘 도와주다, 친구가 많아요

▶ _____

4. 비가 많이 오다, 우산을 챙겨 가세요

▶ _____

5. 당근은 몸에 좋다, 많이 드세요

▶ _____

2 **-(으/느)ㄴ데** 连接词尾，表示转折或提示。

• 앞 절의 내용과 기대에 상반되는 내용을 뒤의 절에서 이어 주는 데 쓰인다.

보기

동생은 키가 크다, 나는 키가 작아요.

▶ 동생은 키가 **큰데** 나는 키가 작아요.

연습문제

※ 다음 빈칸에 알맞은 단어를 넣어 문장을 완성해 보세요.

1. 만나기로 약속했다, 오지 않았어요

▶ _____

2. 차는 커서 좋다, 기름을 너무 많이 먹어요

▶ _____

3. 바람이 많이 불다, 배를 타요

▶ _____

4. 차가 오다, 길을 건너요

▶ _____

5. 길을 걸어가다, 오토바이가 달려왔어요

▶ _____

6과 방 구하기 II

학습목표

• 방 구하기 표현

젊은이 年轻人

나뭇잎 树叶

노인 老人

자격증 资格证

대중교통 大众交通

꽃잎 花瓣

명함 名片

출입문 出入门

표시하다 标记

지도 地图

정수기 净水器

메모 备忘录

직원 职员

서류 资料

종이컵 纸杯

(부동산 앱으로 방 정보를 알아보는 유진과 재욱 / 通过房屋中介软件, 一起查看房屋信息的宥真和在旭)

재욱　이 방 어때? 보증금도 없고 학교에서 가까워.

유진　마음에 들어. 그런데 방을 직접 보고 싶어.

재욱　부동산에 가서 물어보자.

(학교 근처 부동산에 들른 유진과 재욱 / 在旭和宥真去了学校附近的房屋中介处)

중개인　어서 오십시오.

재욱　방을 구하고 있는데요.

중개인　원룸 구하세요?

재욱　네. 학교 근처에 있는 원룸을 구하고 있어요. 앱을 보니까 보증금 없고 월세 30만원인 원룸이 있던데요.

중개인　아! 그 방은 방금 나갔어요.

재욱　그래요? 그럼 그 정도 가격에 괜찮은 집이 있나요?

중개인　월세 32만원에 신축 원룸이 있어요. 관리비 포함이고요.

(재욱과 유진은 서로 괜찮다는 듯 눈빛 교환을 하며 / 在旭和宥真看了看对方, 觉得还不错)

재욱　그 집을 지금 볼 수 있을까요?

중개인　네. 가능해요.

이 방 어때요?

마음에 들어요.

어서 오십시오.

학교 근처에 있는 원룸을 구하고 있어요.

월세 32만원에 신축 원룸이 있어요.

그 집을 지금 볼 수 있을까요?

방이 나가다

- **나가다** : (상품이) 팔리거나 계약이 이루어지다.

  예 요즘 물건이 잘 **나가지** 않는다.

  신상품이 날개 돋친 듯이 **나가서** 벌써 품절되었다.

지로영수증(고객용)			MICR 지로의뢰서(수납은행용)	

지로영수증(고객용)

금액	73,000원	계 번호	803456-345-2399
		납부마감일	18년 10월 30일

주소성명	진영빌 A동 205호

은 행 : 농협
고객전용계좌 : 803456-345-2399
예금주 : 한국도시가스

*자동이체를 신청하시면 더욱 편리합니다.
*고객센터 : 1544-2355

MICR 지로의뢰서(수납은행용)

지로번호	4 0 0 0 2 3 9	수수료	별납
금액	73,000원		

미납금액	30,000원
당월사용금액	43,000원

주소성명	진영빌 A동 205호

위 금액의 수납을 의뢰합니다
*납입장소 전국은행 및 농협, 수협, 축협, 우체국 수납창구

1. 이번 달에 가스를 사용한 금액은 얼마입니까?

2. 언제까지 돈을 내야합니까?

3. 궁금한 점이 있으면 어떻게 해야 할까요?

4. 내야하는 돈은 모두 얼마입니까?

5. 돈을 내야 하는 사람의 주소는 무엇입니까?

구문연습

1 ―던데요 回忆过去的某个情况, 述说自己现在的感受, 或者跟别人讲诉过去的某个情况时使用。

• 과거에 있었던 자신의 경험, 생각, 느낌 등을 설명하거나 감탄할 때 사용하는 표현

보기

재욱이 선물을 받고 정말 좋다.

▶ 재욱이 선물을 받고 정말 좋아하**던데요**.

연습문제

※ 다음 빈칸에 알맞은 단어를 넣어 문장을 완성해 보세요.

1. 교실에 학생들이 한 명도 없다.

▶ _____

2. 코스모스가 정말 예쁘게 피었다.

▶ _____

3. 제주도에 관광객이 정말 많다.

▶ _____

4. 재욱이의 여자 친구는 정말 예쁘다.

▶ _____

5. 수현 선배는 잘 생겼다.

▶ _____

• 일정한 일이나 사건, 사실이 그렇게 느껴지는 바가 있음을 나타내는 말

보기	오늘은 좋은 일이 생기다.
	▶　오늘은 좋은 일이 <u>생길 것 같아요</u>.

연습문제

※ 다음 빈칸에 알맞은 단어를 넣어 문장을 완성해 보세요.

1. 유진에게 무슨 일이 있다.

　▶ ------------------------------------

2. 버스를 놓쳐서 약속시간에 늦다.

　▶ ------------------------------------

3. 영철이는 교통신호를 꼭 지키다.

　▶ ------------------------------------

4. 먹구름이 많은 걸 보니 비가 오다.

　▶ ------------------------------------

5. 제목을 보니 책이 어렵다.

　▶ ------------------------------------

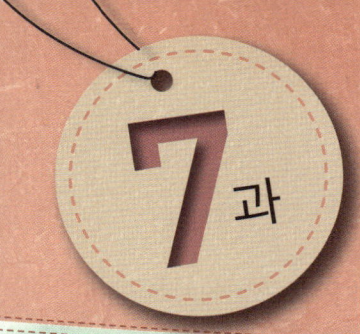

7과 초대하기

학습목표

• 초대하기

• 재채기하다 打喷嚏

• 두드리다 敲

엘리베이터 电梯

• 장화 靴子

• 우산 雨伞

• 복도 走廊

• 떨어뜨리다 洒落

• 식빵 面包

• 식용유 食用油

• 배추 白菜

• 휴지 卫生纸

• 분리수거 分类回收

• 슬리퍼 拖鞋

• 구두 皮鞋

• 택배 快递

• 소화전 消火栓

(재욱의 도움으로 무사히 새 집에 이사하게 된 유진은 재욱과 미영을 초대한다. / 在在旭的帮助下，宥真顺利地搬进了新家并邀请了在旭和美英来做客。)

유진 애들아, 어서 와!

재욱 와~ 집 좋다! 힘들게 구한 보람이 있네.

유진 다 네 덕분이야.

미영 오! 두 사람 못 본 사이에 많이 친해졌네.

유진 하하 재욱이가 집을 구할 때 많이 도와줬어.

미영 참! 이거 받아. 집들이 선물이야.

유진 고마워. 빈손으로 와도 되는데.

미영 모든 일이 술술 잘 풀리라고 휴지를 사 왔어.

재욱 난 거품처럼 돈이 불어나라고 세제를 사 왔어.

유진 모두들 고마워. 잘 쓸게.

집이 좋아요!
힘들게 구한 보람이 있네요.

모두 당신 덕분입니다.

못 본 사이에 많이 친해졌네요.

재욱이가 집을 구할 때 많이 도와줬어요.

이거 받으세요. 집들이 선물이에요.

감사합니다. 잘 쓸게요.

1 돈이 불어나다

• 돈이 처음보다 많아지다. 부자가 되다.

예 꾸준히 저축을 해서 **돈이 불어났다**.

투자를 잘하면 **돈이 불어난다**.

2 술술 풀리다

• 일이나 근심, 걱정 등이 잘 해결되다.

예 밤새 걱정했는데 일이 **술술 풀려서** 다행이다.

야구경기가 **술술 풀렸다**.

3 빈손으로 오다/가다

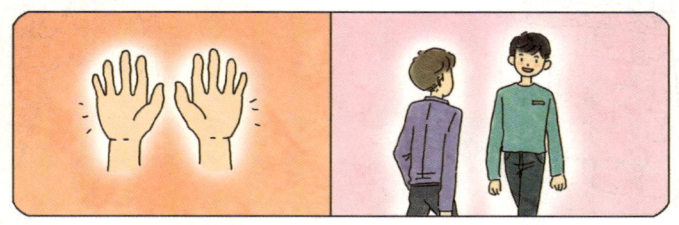

• 돈이나 물건 등을 아무것도 가진 것이 없는 상태로 오고 가는 것을 말한다.

예 다음에 놀러 올 때는 **빈손으로 오세요**.

인생은 빈손으로 왔다가 **빈손으로 간다**.

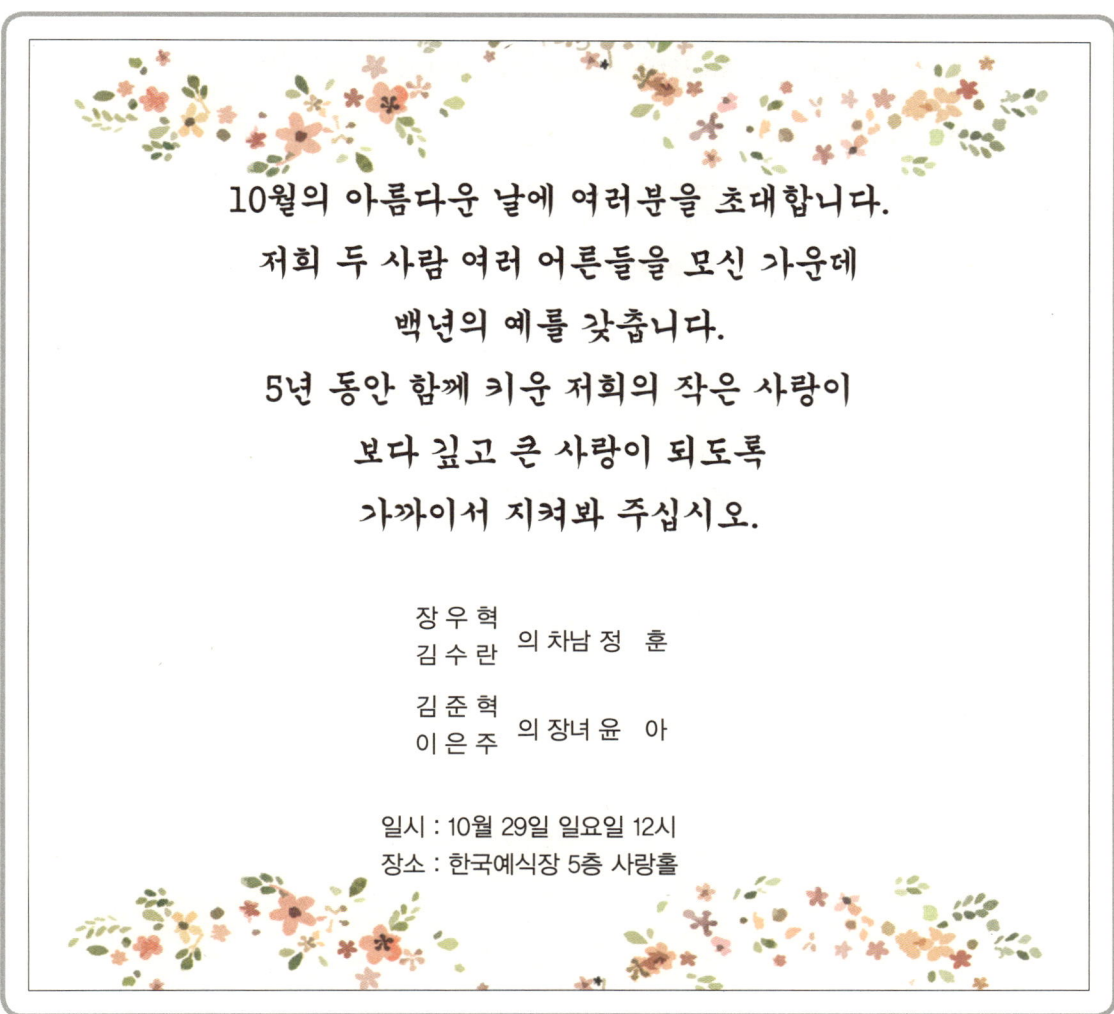

10월의 아름다운 날에 여러분을 초대합니다.
저희 두 사람 여러 어른들을 모신 가운데
백년의 예를 갖춥니다.
5년 동안 함께 키운 저희의 작은 사랑이
보다 깊고 큰 사랑이 되도록
가까이서 지켜봐 주십시오.

장 우 혁
김 수 란 의 차남 정   훈

김 준 혁
이 은 주 의 장녀 윤   아

일시 : 10월 29일 일요일 12시
장소 : 한국예식장 5층 사랑홀

1. 언제 결혼식을 하나요?

2. 결혼을 하는 사람은 누구와 누구인가요?

3. 두 사람은 만난 지 얼마나 되었나요?

4. 결혼식은 어디에서 합니까?

5. 친구들을 결혼식에 초대하는 말을 하여 봅시다.

1 처럼 接在名词后，表述某种模样或行动和前面的名词相同或具有相似之处。

• 모양이나 행동이 비슷하여 닮음을 표현할 때 사용하는 표현

보기

돈이 불어나다–거품

▶ 돈이 거품**처럼** 불어나다.

연습문제

※ 다음 빈칸에 알맞은 단어를 넣어 문장을 완성해 보세요.

1. 민수는 순진하다–아이

▶ _____

2. 손이 꽁꽁 얼었다–얼음

▶ _____

3. 은정은 날고 싶다–새

▶ _____

4. 민호는 미련하다–소

▶ _____

5. 연주는 예쁘다–영화배우

▶ _____

2 **—아/어도 되다** 表述某个行动或者某种状态的许可或允许。相当于汉语的"可以……"。

• 허락이나 허용을 나타낼 때 사용하는 표현

보기	빈손으로 오다.
	▶ 빈손으로 **와도 된다**.

연습문제

※ 다음 빈칸에 알맞은 단어를 넣어 문장을 완성해 보세요.

1. 물을 마시다.

▶ _____

2. 전화를 걸다.

▶ _____

3. 추우면 창문을 닫다.

▶ _____

4. 쉬는 시간에는 만화책을 읽다.

▶ _____

5. 흡연구역에서는 담배를 피우다.

▶ _____

8과 음식 배달

학습목표
• 주문하기

찬장 橱柜

무늬 花纹

끓이다 煮

주전자 壶

전단지 宣传册

쓰레기 垃圾

버리다 扔

원피스 连衣裙

빨래건조대 晾衣架

물고기 鱼

라디오 收音机

어항 鱼缸

빨래 洗衣服

(배가 고픈 유진은 친구들과 배달 음식을 주문한다. / 肚子饿的宥真和朋友们打算一起叫外卖吃。)

유진   배고픈데 우리 치킨 시켜 먹을까?

미영   치킨이 네 입에 맞아?

유진   그럼, 치맥은 내가 제일 좋아하는 메뉴야.

유진   배달 책에서 치킨집을 찾아 줄래?

미영   여기까지 배달이 되는지 모르겠네. 주문한 적 있어?

유진   아니, 처음이야.

(마음에 드는 치킨집을 찾은 유진은 전화를 건다. / 宥真选了一家炸鸡店并拨通了电话。)

점원   공주치킨입니다.

유진   지금 배달이 되나요?

점원   네. 주소를 말씀해 주세요.

유진   여기는 신관동 진영빌 A동 205호입니다.

점원   신관동 진영빌 A동 205호요?

유진   네. 순살치킨 두 마리 부탁드려요.

점원   네, 감사합니다.

치킨이 당신 입에 맞아요?

치맥은 내가 제일 좋아하는 메뉴예요.

주문한 적 있어요?

아뇨, 처음이에요.

주소를 말씀해 주세요.

여기는 신관동 진영빌 A동 205호입니다.

재미있는 한국어

1 입에 맞다

- 마음에 꼭 드는 일이나 물건을 이르는 말

  예 불고기는 내 **입에 딱 맞다**.

  한국음식은 **내 입에 딱 맞다**

2 치킨집, 떡볶이집, 술집

- 집은 사람이 살기 위해 지은 건물이라는 것이 주된 의미이지만 물건 이름 뒤에 붙어 그 물건을 파는 가게임을 나타내기도 한다.

  예 **술집**에서 한 잔 할까요?

  빵집에서 10시에 만나자.

1. 무엇을 파는 가게인가요?

2. 마늘 치킨의 가격은 얼마인가요?

3. 주문할 곳의 전화번호는 무엇인가요?

4. 양념 치킨을 순살로 주문할 경우 가격은 얼마인가요?

5. 친구들과 전화로 음식을 주문하여 봅시다.

구문연습

1 –(으/느)ㄴ지 알다/모르다 用于说明是否知道前面的内容。

• 어떤 사실에 대해 알거나 모름을 나타낼 때 사용하는 표현.

| 보기 | 지금 배달이 __되는지__ 모르겠어요. (되다) |

연습문제

※ 다음 빈칸에 알맞은 단어를 넣어 문장을 완성해 보세요.

1. 지금 무슨 말을 _____ 알겠어요/모르겠어요. (하다)

2. 친구가 왜 _____ 알겠어요/모르겠어요. (울다)

3. 자전거를 어떻게 _____ 알겠어요/모르겠어요. (타다)

4. 시험에 왜 _____ 알겠어요/모르겠어요. (떨어지다)

5. 조개를 어떻게 _____ 알겠어요/모르겠어요. (먹다)

2 **-(으)ㄹ 텐데**　主语是第三人称: 表示说话人的推测。

• 어떤 사실이나 상황에 대해 강한 추측을 나타내는 말

> 보기
>
> 치킨을 주문하다.
>
> ▶　치킨을 주문할 텐데.

연습문제

※ 다음 빈칸에 알맞은 단어를 넣어 문장을 완성해 보세요.

1. 미영이가 먼저 와서 기다리고 있다.

　▶ _____

2. 며칠 동안 계속 아팠다.

　▶ _____

3. 비가 많이 오다.

　▶ _____

4. 순살 치킨이 맛있다.

　▶ _____

5. 살이 너무 많이 쪘다.

　▶ _____

9과 우정

밤 夜晚

창밖 窗外

미소짓다 微笑

놀리다 戏弄

부끄러워하다 害羞

방바닥 地板

소주 烧酒

콜라 可乐

대화

(치킨과 맥주를 먹으며 즐거운 시간을 보내는 유진, 미영, 재욱 / 宥真, 美英, 在旭三人吃着炸鸡, 喝着啤酒, 一起度过了愉快的时光)

미영   역시 치킨과 맥주는 궁합이 딱 맞아!

유진   궁합?

미영   응, 서로 잘 어울린다는 뜻이야.

유진   하하 그렇구나. 우리처럼?

미영   하하 맞아.

유진   음식을 먹는 동안 음악이나 들을까?

재욱   좋아. 분위기 있겠다.

유진   미영아, 그런데 요즘 너 예뻐졌어.

미영   (부끄러워하며 / 有点害羞) 그런가?

재욱   그런 것 같기도 하고. 너 혹시 좋아하는 사람이 생겼니?

미영   (당황해하며 / 惊慌中) 아니.

재욱   어! 놀라는 것 보니 진짜인가 봐.

미영   아니야.

재욱   사랑을 하면 예뻐진다고 하잖아.

우리 음식을 먹는 동안
음악이나 들을까요?

좋아요.

혹시 좋아하는 사람 생겼어요?

아니에요.

요즘 미영이가 예뻐졌어요.

사랑을 하면 예뻐진다고 하잖아요.

재미있는 한국어

1 궁합이 맞다

- 서로 마음이 맞아 아주 친하게 지내는 관계를 뜻하는 말이다.
  - 예 치킨과 맥주는 <u>궁합이 맞다</u>.
    현주와 나는 <u>궁합이 맞다</u>.

2 분위기 있다

- 그윽하거나 멋있는 기운이 감돌다.
  - 예 새로 생긴 카페는 <u>분위기 있다</u>.
    <u>분위기 있는</u> 레스토랑에 가고 싶다.

스무고개 게임

게임방법

한 사람이 어떤 물건을 생각하고
다른 사람들은 질문으로 무엇인지 찾는다.
단, 질문은 20개만 할 수 있으며,
대답은 '예 / 아니오'로만 할 수 있다.

예 이것은 무엇일까요?

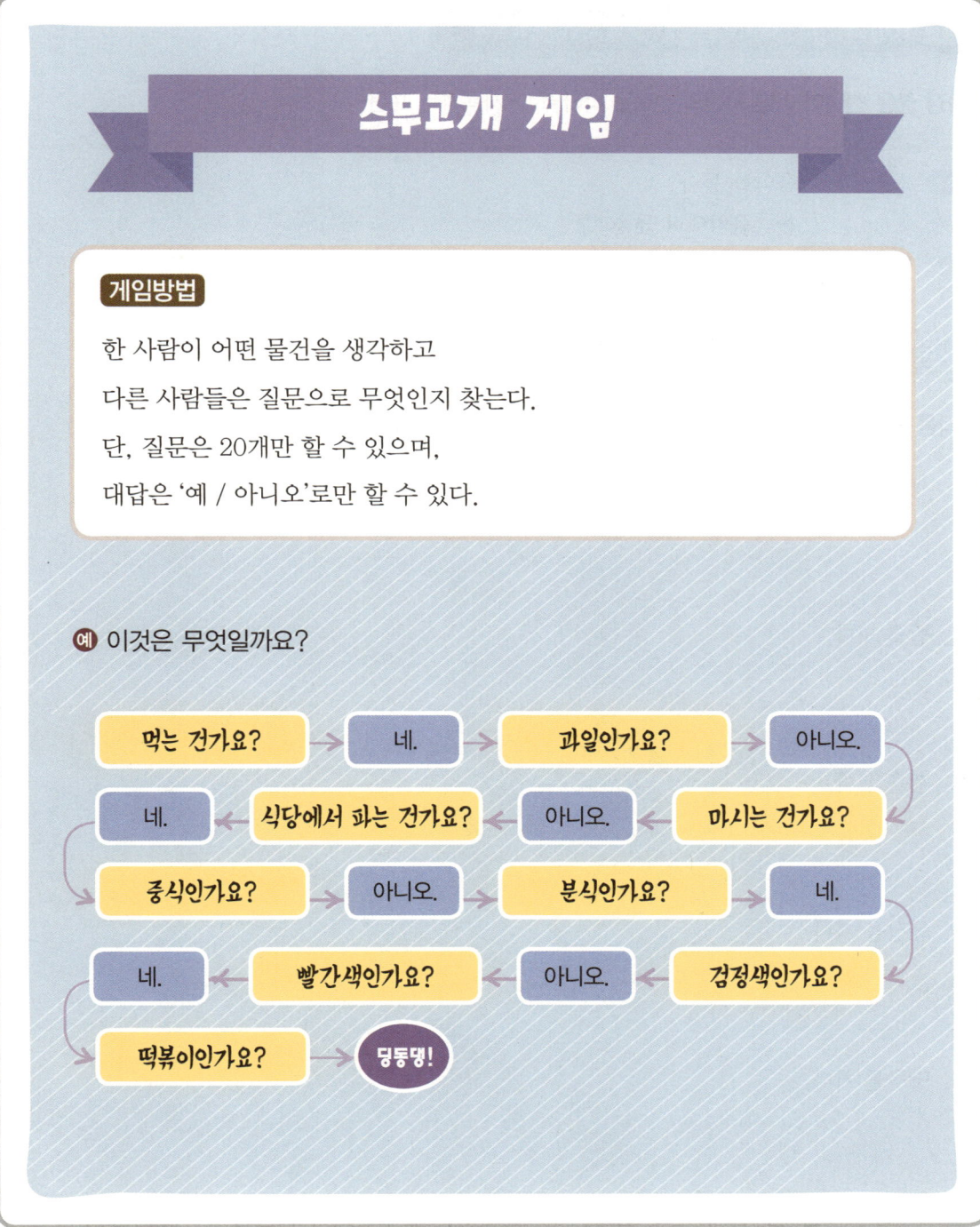

먹는 건가요? → 네. → 과일인가요? → 아니오.

네. ← 식당에서 파는 건가요? ← 아니오. ← 마시는 건가요?

중식인가요? → 아니오. → 분식인가요? → 네.

네. ← 빨간색인가요? ← 아니오. ← 검정색인가요?

떡볶이인가요? → 딩동댕!

구문연습

1 **(이)나** 用于体词之后，表示选择，强调或者条件。

• 가장 좋은 선택이 아닌 차선의 선택을 나타낼 때 사용하는 표현

보기	음악을 듣다.
	▶ 음악<u>이나</u> 들을까?

연습문제

※ 다음 빈칸에 알맞은 단어를 넣어 문장을 완성해 보세요.

1. 영화를 보다.

▶ _____

2. 밥을 먹다.

▶ _____

3. 껌을 씹다.

▶ _____

4. 등산을 가다.

▶ _____

5. 당구를 치다.

▶ _____

2 -나 보다 / -(으)ㄴ가 보다 表示 "推測"、"疑慮"，相当于汉语的 "看来"、"可能"、"恐怕"。

• 어떤 상태나 사실로 미루어 보았을 때 그런 것 같다고 추측할 때 사용하는 표현

> 보기
>
> 왜 이렇게 차가 막혀요?
>
> ▶ <u>사고가 났나 봐요</u>. (사고가 나다)

연습문제

※ 다음 빈칸에 알맞은 단어를 넣어 문장을 완성해 보세요.

1. 아기가 왜 이렇게 울어요?

▶ _____ (배가 고프다)

2. 유진이가 전화를 안 받아요?

▶ _____ (바쁘다)

3. 안색이 안 좋아요. 어디 아파요?

▶ _____ (감기에 걸렸다)

4. 저 식당은 손님이 정말 많아요.

▶ _____ (음식이 맛있다)

5. 머리가 아파요.

▶ _____ (고민이 많다)

10과 믿는 도끼

학습목표

• 인용하기

• 지붕 屋顶

• 카페 咖啡厅

• 조명 灯光

• 짜증 心烦

• 코피 鼻血

• 소파 沙发

• 줍다 捡

• 배달 配送

• 차로 车道

• 넥타이 领带

• 오토바이 摩托车

• 바퀴 轮胎

• 뛰어가다 跑去

• 걸어가다 走去

유진   수업 끝나고 점심 먹으러 같이 갈까?

재욱   미영이는 오늘도 약속이 있어?

유진   응, 고등학교 때 친구들이 학교로 찾아와서 거기에 갔어.

재욱   그런데 너 무릎이 왜 그래?

유진   어제 길에서 넘어지는 바람에 다쳤어.

재욱   아프겠다. 약은 발랐니?

유진   응. 약을 발랐더니 이제는 괜찮아.

(그때 카페에 함께 있는 수현 선배와 미영이를 본다. / 就在这时, 宥真看见了坐在咖啡厅里的秀贤学长和美英。)

유진   저기 수현 선배랑 미영이 아니야?

재욱   맞아, 수현 선배와 미영이.

유진   두 사람이 왜 같이 있지?

재욱   (무언가를 숨기듯이 / 好像在隐瞒着什么) 글쎄.

유진   고등학교 때 친구들을 만난다고 했었는데?

재욱   너 몰랐구나. 미영이와 수현 선배랑 사귀어.

유진   그래? 난 몰랐는데. 믿는 도끼에 발등 찍힌 것 같아.

오늘도 미영이는 약속이 있어요?

고등학교 때 친구들이
찾아와서 거기에 갔어요.

무릎이 왜 그래요?

어제 길에서 넘어지는 바람에
다쳤어요.

약 발랐어요?

네, 괜찮아요.

믿는 도끼에 발등 찍힌다

- 잘 되리라고 믿고 있던 일이 어긋나거나 믿고 있던 사람이 배반하여 오히려 해를 입음을 비유적
  으로 이르는 말이다.

  예 지수가 나를 속이다니 믿는 도끼에 발등 찍혔다.
  선희를 믿었는데 믿는 도끼에 발등 찍혔다.

<속 담>

<보기>의 속담이 무슨 의미일까 생각해 봅시다. 그리고 아래의 상황과 어울리는 속담을
사용하여 이야기해 봅시다.

> **보기**
>
> 옷이 날개다.
>
> 아는 길도 물어 가라.
>
> 하늘의 별 따기.
>
> 호랑이도 제 말 하면 온다.
>
> 모르는 게 약이요, 아는 게 병이다.

1. 유진은 한국어에 자신이 있었지만 실수하지 않기 위해 사전을 찾아보았다.

2. 유진은 미영이랑 수현 선배가 사귄다는 것을 알게 되어 속이 많이 상하였다.

3. 바지만 입던 미영이가 원피스를 입으니 예뻐 보였다.

4. 유진은 아르바이트를 구하는 것이 너무 어려웠다.

5. 유진과 미영이가 재욱이의 이야기를 하고 있는데 마침 재욱이가 걸어왔다.

구문연습

1 ―구나 终结语尾，表示感叹，是非尊敬的形式。

• 혼자 새삼스러운 감탄을 나타내는 표현

> **보기**
>
> 너는 몰랐다
> ▶ 너는 몰랐**구나**!

연습문제

※ 다음 빈칸에 알맞은 단어를 넣어 문장을 완성해 보세요.

1. 바다가 참 푸르다.

▶ _____

2. 네가 벌써 고등학생이다.

▶ _____

3. 경치가 정말 아름답다.

▶ _____

4. 이렇게 많이 컸다.

▶ _____

5. 너와 내가 동갑이다.

▶ _____

2 −는 바람에 表示受到前面动词的影响，后面分句出现某种结果。这时句子的内容多是消极意义的。

• 앞의 상황이 원인이 되어 뒤의 결과에 주로 부정적인 영향을 미칠 때 쓰는 표현

> 보기
>
> 길에서 넘어지다, 다리를 다치다
>
> ▶ 길에서 넘어지**는 바람에** 다리를 다쳤어요.

연습문제

※ 다음 빈칸에 알맞은 단어를 넣어 문장을 완성해 보세요.

1. 눈이 오다, 길이 미끄럽다

▶ _____

2. 배탈이 나다, 학교에 가지 못하다

▶ _____

3. 무서운 꿈을 꾸다, 잠에서 깨다

▶ _____

4. 버스가 늦게 오다, 학교에 지각하다

▶ _____

5. 서두르다, 넘어지다

▶ _____

11과 기가 막혀

학습목표

• 감정 말하기, 생각 말하기

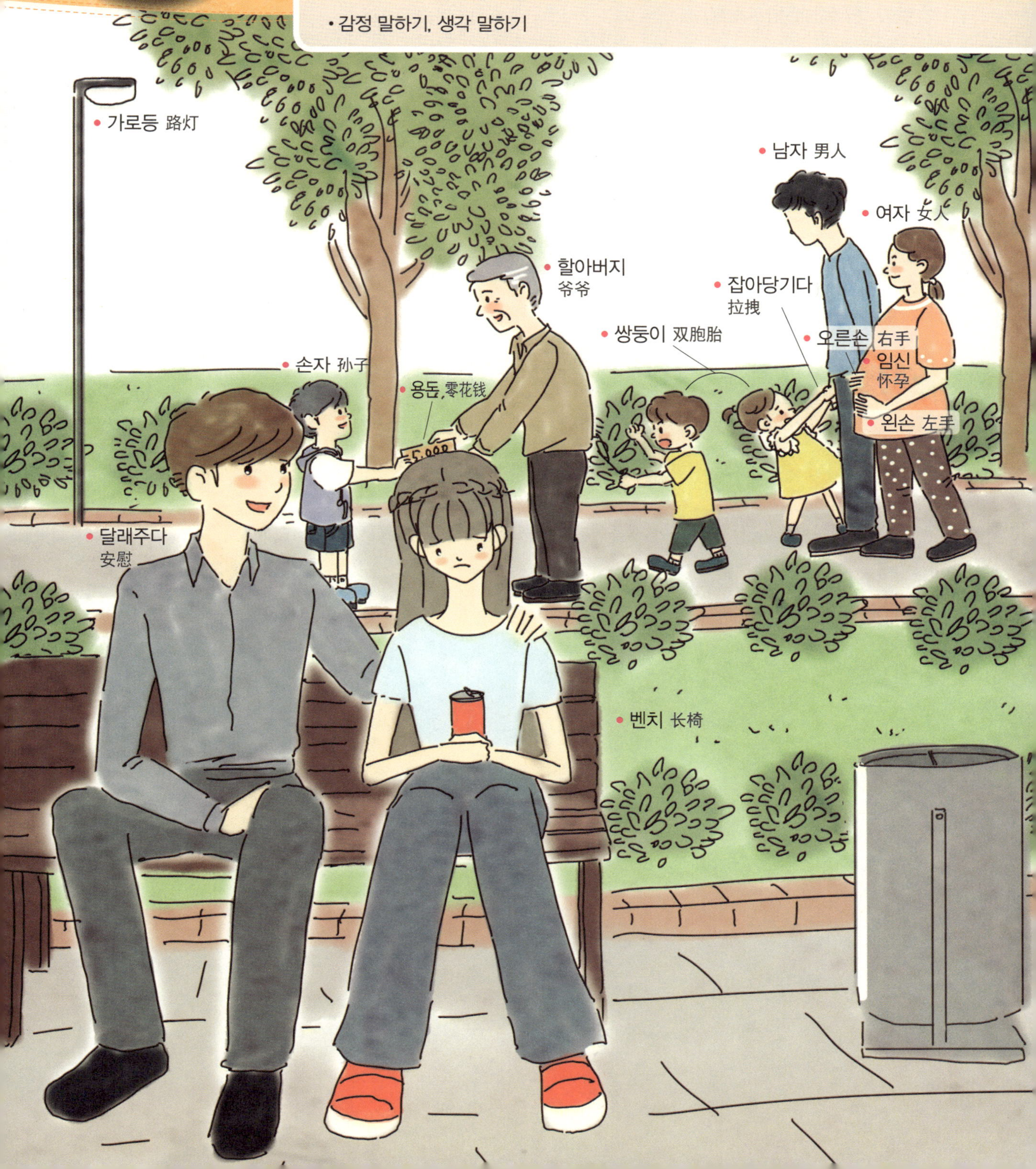

가로등 路灯
남자 男人
여자 女人
할아버지 爷爷
잡아당기다 拉拽
쌍둥이 双胞胎
오른손 右手
임신 怀孕
손자 孙子
용돈 零花钱
왼손 左手
달래주다 安慰
벤치 长椅

(미영과 수현 선배가 사귄다는 말을 들은 유진은 기분이 좋지 않다. / 听说了美英和秀贤学长交往的事以后，宥真的心情不太好。)

유진 믿을 수가 없어. 미영이가 어떻게 그럴 수가 있지?

재욱 많이 놀랐어? 너 아직도 수현 선배를 좋아하니?

유진 아니, 그건 아니지만. 그래도 내가 좋아했던 선배잖아.

재욱 그게 어때서?

유진 너는 그게 괜찮다는 거야?

재욱 너랑 수현 선배가 지금 사귀는 것도 아니잖아.

유진 그래도 나는 미영이를 이해할 수가 없어. 기가 막혀.

(유진은 너무나도 속상한 마음에 재욱에게 화를 냈다. / 宥真感到很受伤并向在旭发了火。)

유진 나 먼저 갈게.

믿을 수가 없어요.

많이 놀랐어요?

아직도 수현 선배를 좋아해요?

아뇨, 그런 것은 아니지만.

당신과 수현 선배가 지금
사귀는 것도 아니잖아요.

그래도 미영이를 이해할 수가 없어요.

기가 막히다

- 어떤 일에 놀라서 어이가 없을 때, 뭐라 말할 수 없을 만큼 정도가 심할 때 사용한다.

  예 **기가 막혀** 말이 나오지 않는다.

  　그 소식을 들으니 **기가 막히다**.

영화입장권
(영수증 겸용)

(개별발권)

영화명 : 미녀는 괴로워(15세 이상)
200 Pounds Beauty

상영일 : 2017-10-24(화) 오후 17:30

상영관 : 10층 1관

좌 석 : C열 11번, 12번 (총 2명)
구 매 : 성인2명(12,000원)
금 액 : 12,000원 (신용카드)

환불, 교환은 상영시간 20분 전까지 입장권 지참 후,
현장방문 시에만 취소가 가능합니다.

1. 상영하는 영화의 제목은 무엇입니까?

2. 영화는 몇 관에서 상영합니까?

3. 영화입장권은 언제까지 환불이 가능합니까?

4. 영화 날짜와 시간은 언제입니까?

5. 영화 입장권의 가격은 얼마입니까?

구문연습

1 **–던** 回忆过去所做的事情时的表达方式，表示过去反复做该事情，以及从过去到现在进行的或从过去到过去某一个时刻持续的动作时使用。

• 과거의 완료되지 않은 동작이나 중단된 상태를 회상하면서 말할 때 사용하는 표현

보기   저 학교는 내가 <u>**다녔던**</u> 학교이다. (다니다)

연습문제

※ 다음 빈칸에 알맞은 단어를 넣어 문장을 완성해 보세요.

1. 내가 _____ 주스가 어디 있지? (마시다)

2. 그동안 _____ 냉장고가 고장 났다. (사용하다)

3. 이 옷은 새 옷이 아니고 언니가 _____ 옷이다. (입다)

4. 내가 고등학교 때 많이 _____ 노래이다. (듣다)

5. 이 사진은 어렸을 때 가지고 _____ 장난감이다. (놀다)

2 -(으)ㄹ 수 있다 表能力或可能性。

• 어떤 일을 할 능력이 있거나 가능할 때 사용하는 말

보기

유진은 수영을 잘 한다.

▶ 유진은 수영을 잘 **할 수 있다**.

연습문제

※ 다음 빈칸에 알맞은 단어를 넣어 문장을 완성해 보세요.

1. 미영은 피아노를 잘 친다.

▶ _____

2. 유진은 플룻을 잘 분다.

▶ _____

3. 주영은 글씨를 잘 쓴다.

▶ _____

4. 소민은 도자기를 잘 만든다.

▶ _____

5. 수인은 잘 달린다.

▶ _____

12과 별 I

학습목표

• 청유하기

대화

(수업이 끝나고 힘없이 나오는 유진에게 미영이 다가온다. / 下课后，美英向无精打采的宥真跑去。)

미영　유진아! 같이 가자!

유진　(말없이 가버린다 / 直接走掉)

미영　(유진을 따라가며 / 跟着宥真) 너, 알게 되었다면서?

유진　나 과제가 있어서 먼저 갈게.

미영　유진아! 유진아!

(유진은 미영이 다시 불러도 그냥 가버렸다. 유진은 집으로 돌아와서 혼자 영화를 보러 가려고 준비했다. 그때 재욱에게 전화가 걸려온다. / 美英再一次喊宥真，宥真还是直接走掉了。宥真回到家以后，打算一个人去看电影，这时在旭打来了电话。)

유진　여보세요!

재욱　유진아! 나올래?

유진　(화가 가라앉지 않아 재욱에게 거짓으로 대답한다. / 宥真忍着火气，编了个谎话回复了在旭。)

　　　　나 피곤해.

재욱　우리 별 보러 가자!

유진　별?

재욱　응. 아는 형이 천문대에서 일해.

유진　넌 발이 넓구나!

말하기 연습

유진아!

과제가 있어서 먼저 갈게요.

나올래요?

피곤해요.

우리 별 보러 가요.

별?

재미있는 한국어

발이 넓다

- 아는 사람이 많아 활동하는 범위가 넓다.

  예 학생회장은 **발이 넓은** 재욱이가 맡게 되었다.

  발이 넓어서 저녁마다 부르는 친구들이 많다.

11월 별빛 산책

- 장　　소 : 서울 시립 천문대
- 대　　상 : 학생, 성인
- 체 험 비 : 초.중.고 3,500원 / 성인 4,500원
- 참가신청 : 10월 15일(토) 14:00까지 인터넷 예약 및 결제
- 문　　의 : 천문과학특화팀 (Tel: 02-2204-3190)

프로그램		계절별 별자리	천문 입체 영상	천체 관측
시　간		19:30~20:00	20:00~20:30	20:30~21:30
날짜	2일, 3일	계절 별자리 (천체 투영실)	우리는 천문학자	달, 목성, 봄철 1등성
	9일, 10일		블랙홀	
	16일, 17일		기울어진 지구	
	23일, 24일		우주 비행사	
악천 후 관측불가 시			천문입체영상 (관측실 라운딩)	

- 예약 후 마이페이지를 통해 예약내역을 확인하세요.
- 체험 진행 시 빛나는 물건(손전등, 발광운동화 등)의 반입이 불가능합니다.
- 인원변경 및 취소는 당일 15시 00분까지 가능합니다.
- 15시 00분 이후에는 인원변경 및 취소가 불가합니다.

1. 성인 두 명이 함께 별빛 산책을 간다면 체험비는 얼마가 필요할까요?

2. 비가 와서 관측이 어려울 때는 어떤 프로그램에 참여할 수 있나요?

3. 체험 진행 시 반입이 불가능한 물건은 무엇입니까?

4. 궁금한 점이 있으면 어디로 문의하면 될까요?

5. 참가 예약과 결제는 어떤 방법으로 하면 될까요?

구문연습

1 **―게 되다** 表示被动。用于因为与主语无关的某种原因而发生了某件事，或是发生了变化。

• 주어의 의지나 바람과는 달리 외부적인 조건에 의해 어떤 상황에 이르게 되었을 때 사용하는 표현

보기
유진이가 왜 좋아?
▶ 착한 마음씨를 보고 좋아하게 되었어요.

연습문제

※ 다음 빈칸에 알맞은 단어를 넣어 문장을 완성해 보세요.

1. 누가 장학금을 받아?

▶ 민지가 장학금을 ＿＿＿＿＿＿＿＿＿＿＿＿＿＿＿＿＿ (받다)

2. 처음에는 한국 음식을 못 먹었어요.

▶ 하지만 이제는 한국 음식을 잘 ＿＿＿＿＿＿＿＿＿＿＿ (먹다)

3. 한국인 친구와 이야기를 많이 했어요.

▶ 이제는 한국어를 잘 ＿＿＿＿＿＿＿＿＿＿＿＿＿＿＿ (하다)

4. 민수는 영아를 부모님께 소개해 드렸어요.

▶ 민수와 영아는 결혼식을 ＿＿＿＿＿＿＿＿＿＿＿＿＿ (올리다)

5. 미영이가 아직도 미워요?

▶ 이제는 미영이를 ＿＿＿＿＿＿＿＿＿＿＿＿＿＿＿＿ (이해하다)

2 **─다면서(요)** 对所听说的事情进行确认，对知道的事情进行再一次强调。

• 들어서 아는 사실을 확인하여 물을 때 쓰는 종결 어미

> 보기
>
> 혼자 다 해결했다.
> ▶ 혼자 다 해결했**다면서**?

연습문제

※ 다음 빈칸에 알맞은 단어를 넣어 문장을 완성해 보세요.

1. 나만 몰랐다.

▶ _____

2. 지수랑 지영이가 싸웠다.

▶ _____

3. 미영이랑 수현 선배가 사귄다.

▶ _____

4. 중국에 한국 영화배우들이 온다.

▶ _____

5. 유진이 대학을 졸업하고 좋은 회사에 취직했다.

▶ _____

별 Ⅱ

학습목표

• 사과하기

금성 金星

지구 地球

화성 火星

수성 水星

토성 土星

푸드 코트 食品区

안내판 告示牌

입구
入口

관람하다 观看

망원경 望远镜

(별을 보며 이야기 나누는 유진과 재욱 / 宥真和在旭一边看着星星一边聊着)

유진   (활짝 웃으며 / 开颜一笑) 우와! 정말 예쁘다.

재욱   이제야 웃는구나.

유진   헤~ 내가 좀 심했지?

재욱   알긴 아네.

유진   너무 놀라서 그런거야.

재욱   놀랐던 거 알아.

유진   난 미영이와 제일 친한 친구잖아. 비밀도 털어놓곤 했어.

재욱   미영이와 제일 친하다고? 내가 아니고?

유진   (웃으며 / 笑着) 물론 너와 친하기는 하지만 미영이와 더 친했어.

        내가 좋아했던 수현 선배와 사귄다니 배신감이 들었어.

재욱   바람피운 것도 아닌데 뭘.

유진   바람? 하하 그거야 그렇지.

우와! 정말 예뻐요!

이제야 웃는군요.

제가 좀 심했죠?

알긴 아네요.

저는 미영이와 제일 친해요.

미영이와 제일 친하다고요?
제가 아니고요?

바람 피우다

- 한 이성에만 만족하지 않고, 몰래 다른 이성과 관계를 만들다.

  예 영희는 남자친구가 있는데 후배와 **바람을 피웠다**.

  여자친구가 **바람을 피워서** 헤어졌다.

<사과문>

안녕하십니까?

저는 '쥬스?주스!' 대표 이진수입니다.

저희 주스가 잘못된 용량을 표기한 점에 대해 진심으로 사죄드립니다.

일부 매장에 용량 표기가 잘못되어 있음에도 신속하게 대처하지 못했습니다.

소비자분들께 실망을 안겨드려서 죄송합니다.

빠른 시일 내에 모든 매장에서 정확한 용량 표기를 하도록

최선의 노력을 다하겠습니다.

'쥬스?주스!'를 사랑해주시는 소비자분들께 다시 한 번 머리 숙여 사과드립니다.

앞으로 더 노력하는 '쥬스?주스!'가 되겠습니다.

1. 사과문을 낸 회사 이름은 무엇입니까?

2. 이 회사가 잘못한 점은 무엇입니까?

3. 이 회사는 앞으로 어떻게 대처할 것입니까?

4. 이 회사 대표는 누구입니까?

5. 누구에게 사과를 하고 있습니까?

구문연습

1 **-기는 하지만** 表示强调기前面的谓词然后进行转折。

• 앞의 상황, 의견을 인정하지만 다른 의견이 있음을 나타내는 표현

> 보기
>
> 그 학생은 공부를 못한다, 성실하다
>
> ▶ 그 학생은 공부를 못하**기는 하지만** 성실하다.

연습문제

※ 다음 빈칸에 알맞은 단어를 넣어 문장을 완성해 보세요.

1. 그 사람이 좋다, 결혼하고 싶지 않다

▶ _____

2. 그 집은 지하철에서 멀다, 가장 마음에 든다

▶ _____

3. 그 식당은 맛이 있다, 너무 비싸다

▶ _____

4. 아르바이트는 힘들다, 월급을 받으면 기분이 좋다

▶ _____

5. 비행기는 빠르다, 공항이 멀다

▶ _____

2 -곤 하다 表示某事反复发生，如同习惯一般。

- 평소에 자주 하는 행동을 나타내는 표현

> **보기**
>
> 고민이 생기면 친구에게 털어놓다.
>
> ▶ 고민이 생기면 친구에게 털어놓곤 해요.

연습문제

※ 다음 빈칸에 알맞은 단어를 넣어 문장을 완성해 보세요.

1. 부모님이 보고 싶으면 _____ (사진을 보다)

2. 주말에는 책을 읽거나 _____ (음악을 듣다)

3. 스트레스를 받으면 _____ (운동을 하다)

4. 보고 싶은 친구에게 _____ (편지를 쓰다)

5. 옛 친구들이 생각나면 _____ (전화를 하다)

사랑과 우정

14과

학습목표

• 감정 표현하기

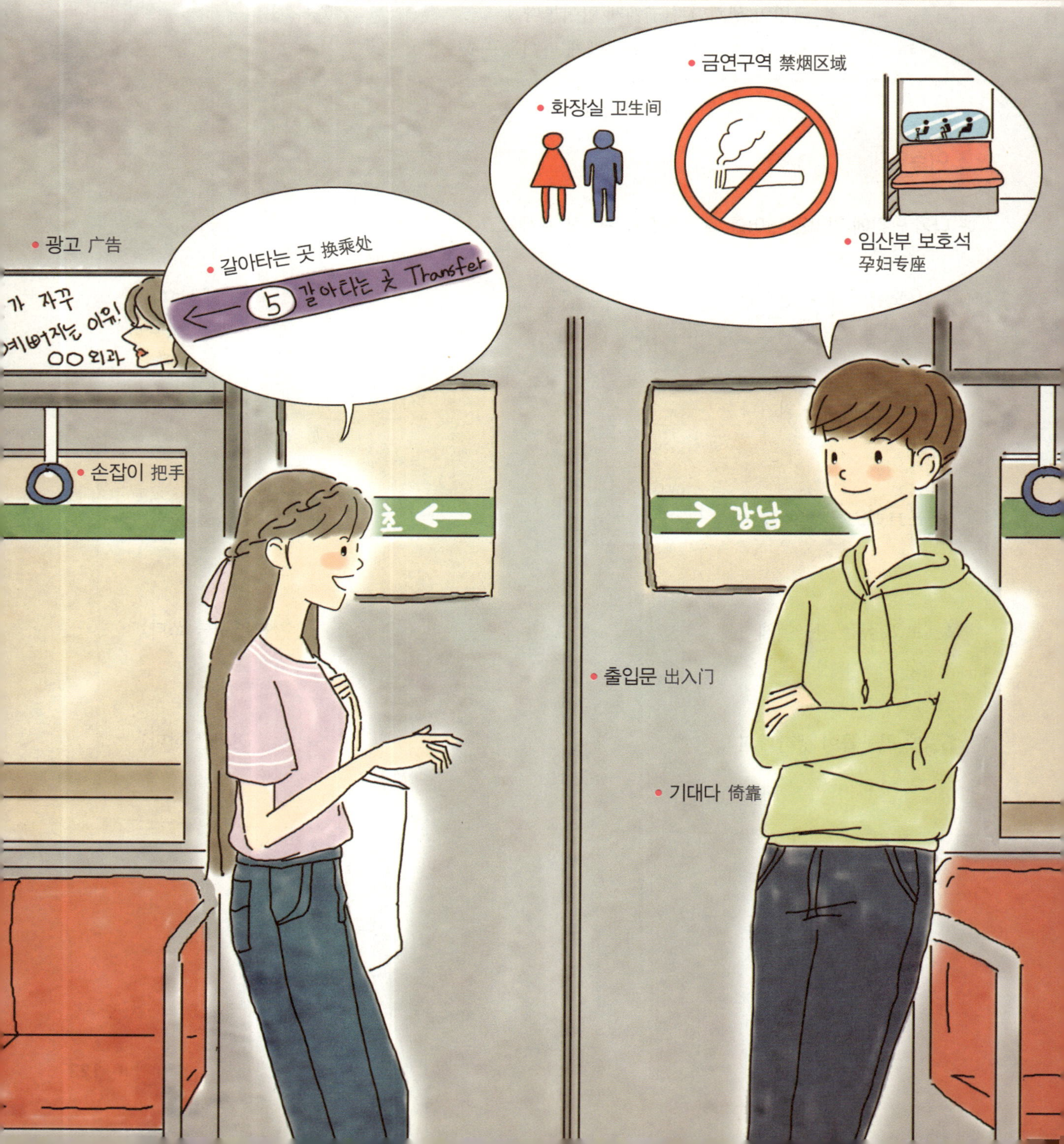

• 광고 广告

• 갈아타는 곳 换乘处

5 갈아타는 곳 Transfer

• 화장실 卫生间

• 금연구역 禁烟区域

• 임산부 보호석
孕妇专座

• 손잡이 把手

초 ←

→ 강남

• 출입문 出入门

• 기대다 倚靠

(별을 보며 기분이 나아진 유진은 재욱에게 미영과 수현 선배에 대해 느낀 감정을 이야기한다. / 心情好转的宥真，向在旭敞开了心扉，谈起了对美英和秀贤学长的感情。)

재욱   너 아직까지 수현 선배를 좋아하니?

유진   사실, 처음 입학했을 때는 수현 선배가 좋았지만 지금은 아니야.

재욱   그래? 그런데 왜 그렇게 화를 냈어?

유진   처음에는 당황했었고, 지나고 생각해보니 미영이가 나를 속였다는 기분이 들었어.

재욱   그건 속인 게 아니고 말을 못 한 걸 거야.

유진   알아. 그래도 친한 친구를 잃은 이상한 느낌이야.

재욱   잃었다고? 미영이는 여전히 너를 좋은 친구로 생각하고 있어.

유진   그럴까? 시간이 지나면 괜찮아질까?

재욱   네가 미영이를 이해해 줘. 사랑의 감정은 쉽게 찾아오는 것이 아니거든.

유진   네가 그걸 어떻게 알아?

(재욱은 마음이 들킨 것 같아 가슴이 뜨끔하다. / 在旭的心思仿佛被看穿，心中一惊。)

아직까지 수현 선배를 좋아하나요?

처음 입학했을 때는 수현 선배가 좋았지만
지금은 좋아하지 않아요.

미영이가 나를 속였다는
기분이 들었어요.

속인 게 아니에요.

사랑의 감정은 쉽게
찾아오는 것이 아니에요.

당신이 그걸 어떻게 알아요?

재미있는 한국어

가슴이 뜨끔하다

- 자극을 받아 깜짝 놀라거나 양심의 가책을 받다.

   예 민지가 나 때문에 선생님께 혼난 것 같아서 **가슴이 뜨끔했다**.

   준호는 들킬까봐 **가슴이 뜨끔했다**.

〈추억의 가요 '거짓말'〉

2000년대 초반 최고의 국민그룹 god!
다섯 명의 멋진 남자로 구성된 god의 수많은 히트곡 중
2000년에 발표한 '거짓말'을 소개하려고 합니다.

'난 네가 싫어졌어. 우리 이만 헤어져.
다른 여자가 생겼어. 너보다 훨씬 좋은'

'거짓말'의 노래 가사는 마치 남자가 여자에게 이별을 말하는 것 같죠?
하지만 이어지는 가사에서 남자의 진심이 있습니다.

'그래, 이래야만 했어. 거짓말을 했어.
내가 이래야만 나를 향한 너의 마음을 모두 정리할 수 있을 거라고 생각했어.
어쩔 수 없이 널 속일게. 미안해. 널 울릴게.'

사랑하는 연인을 떠나보내야만 하는 남자의 애절한 사랑이 담겨있는 god의
'거짓말' 꼭 한 번 들어보세요.

1. '거짓말'을 부른 그룹은 누구입니까?

2. 그룹은 몇 명으로 구성되어 있나요?

3. 노래 속의 남자는 여자에게 어떤 거짓말을 하나요?

4. 남자의 진심은 무엇인가요?

5. 이 노래는 언제 발표되었나요?

구문연습

1 **−았/었었−** 表示和现在有区别的过去, 强调了这个过去和现在是不同的。多用于回忆过去的事情。

• 현재와 비교하여 다르거나 단절되어 있는 과거의 사건을 나타낼 때 사용하는 표현

> **보기**
>
> 어릴 때는 짜장면을 **좋아했지만** 지금은 좋아하지 않는다.
>
> ▶　어릴 때는 짜장면을 좋아**했었다**.

연습문제

※ 다음 빈칸에 알맞은 단어를 넣어 문장을 완성해 보세요.

1. 어제는 **추웠지만** 오늘은 따뜻하다.

　▶ --

2. 1년 전에는 **뚱뚱했지만** 지금은 날씬하다.

　▶ --

3. 옛날에는 휴대전화가 **컸지만** 지금은 작다.

　▶ --

4. 5년 전에는 **못했지만** 지금은 한국어를 잘한다.

　▶ --

5. 신입생 때는 선배가 **무서웠지만** 지금은 편하다.

　▶ --

2 **―(으)면** 表述前文是事实上的、一般性、反复性的后文条件时使用，或者对不确定或没有实现的事实的假设时使用。相当于汉语的"如果……"。

· 뒤의 내용에 대한 조건을 나타낼 때 사용하는 표현

보기

사랑을 하다, 예뻐진다

▶ 사랑을 하<u>면</u> 예뻐진다.

연습문제

※ 다음 빈칸에 알맞은 단어를 넣어 문장을 완성해 보세요.

1. 비가 온다, 기분이 우울해진다

▶ _____

2. 대학생이 되다, 할 일이 많아진다

▶ _____

3. 여름이 되다, 날씨가 더워진다

▶ _____

4. 자고 일어나다, 몸이 개운해지다

▶ _____

5. 책을 오랫동안 보다, 눈이 피곤해지다

▶ _____

15과 고백 I

학습목표

• 기분 전달하기

• 밤 夜晚

주차장 停车场 Ⓟ

• 시청
市政府

• 골목길
胡同

• 가로등
路灯

• 횡단보도 人行橫道

• 왼발 左脚

• 오른발 右脚

(별을 보고 돌아오면서 재욱은 자신의 마음을 유진에게 고백한다. / 在旭看了看星星并转向宥真告白了自己的真心。)

재욱 내가 사랑의 감정을 어떻게 아느냐고?

유진 응. 어떻게 알아?

재욱 네가 개강모임에서 술을 먹은 날 기억하니?

유진 아니. 모르겠어.

재욱 기숙사로 데려다 준 건 바로 나야.

유진 뭐라고? 네가 개강모임에 같이 있었어?

재욱 응, 우리는 개강모임에서 처음 만났잖아.

유진 (기억을 더듬으며 / 回想中) 맞아. 미영이가 소개해 줘서 알게 되었지.

재욱 그 날 너를 보고 참 예쁜 아이라고 생각했어.

유진 응?

재욱 그 이후로 너를 보려고 같은 과목을 신청했었어.

유진 나는 꿈에도 생각하지 못했어.

말하기 연습

제가 사랑의 감정을
어떻게 아느냐고요?

네, 어떻게 알아요?

당신이 같이 있었어요?

네, 우리는 개강모임에서
처음 만났거든요.

당신을 보려고 같은 과목을
신청했었어요.

전혀 생각지 못했어요.

꿈에도 생각지 못하다

- 꿈속에서조차 상상할 수 없었다는 뜻으로 예상치 못한 뜻밖의 일을 당했을 때 사용하는 표현

  예 내가 복권에 당첨될 줄은 <u>꿈에도 생각지 못했다</u>.

  네가 나를 도와줄 거라고는 <u>꿈에도 생각지 못하였다</u>.

〈감동적인 이벤트〉

지금 바로 사랑하는 사람에게 고백을 하고 싶은 당신!

〈나의 사랑〉 우체국이 당신의 마음을 전달해 드립니다.

편지 이벤트를 신청하시면 연극 〈나의 사랑〉 공연 중

깜짝 이벤트가 펼쳐집니다.

사랑 고백을 담은 편지를 준비해 오셔서 매표소에 맡겨 주세요.

선정된 세 분께는 배우가 공연 중에 꽃다발과

와인을 직접 전달해 드립니다.

1. 공연의 제목은 무엇입니까?

2. 편지 이벤트에 몇 명을 선정하나요?

3. 공연 중에 누가 편지를 전달하나요?

4. 이벤트를 신청하려면 편지를 어디에 맡겨야 할까요?

5. 선정된 사람에게는 어떤 선물을 줄까요?

1 -냐고 하다 表示间接引用别人询问的内容。

• 어떤 사람의 질문 내용을 다른 사람에게 전달할 때 사용하는 표현

보기

"무슨 색깔을 좋아해요?"

▶ 무슨 색깔을 좋아하냐고 했어요.

연습문제

※ 다음 빈칸에 알맞은 단어를 넣어 문장을 완성해 보세요.

1. "언제 여행을 떠나요?"

    ▶ _____

2. "무슨 운동을 했어요?"

    ▶ _____

3. "누구와 영화를 봤어요?"

    ▶ _____

4. "어느 대학교에 다녀요?"

    ▶ _____

5. "졸업을 하면 뭐 할 거예요?"

    ▶ _____

2 **ㅡ(이)잖아(요)** 用于谓词后，相当于汉语的"嘛"。理由，确认，提议，多用于对话中，用于陈述听者已知道的信息。

• 상대방이 이미 알고 있는 것을 확인하거나 잘 모르는 것을 설명할 때 사용하는 표현

> **보기**
>
> 백화점에 왜 이렇게 사람이 많지?
>
> ▶ 오늘부터 **할인기간이잖아요**. (할인기간)

연습문제

※ 다음 빈칸에 알맞은 단어를 넣어 문장을 완성해 보세요.

1. 유진이 생일이 언제인지 알아?

▶ 다음 주 _____. (금요일)

2. 학생들이 무척 시끄럽네요.

▶ 지금은 _____. (쉬는 시간)

3. 김 선생님은 안 계시네요.

▶ 지난주부터 _____. (휴가)

4. 식당마다 김치를 주네요.

▶ 여기는 _____. (한국)

5. 유진이는 중국어를 잘하네요.

▶ 유진이는 _____. (중국인)

16과 고백 II

학습목표

· 기분 전달하기

주유소 加油站

주차금지 禁止停车

금연구역 禁烟区

자전거 自行车

트럭 货车

중앙선 中心线

도로 公路

인도 人行道

(재욱은 유진에게 자신의 마음을 계속해서 고백한다. / 在旭对宥真继续自己的内心告白。)

재욱 　내가 갑자기 이런 말을 해서 놀랐지?

유진 　응.

재욱 　멋있게 고백하고 싶었는데…

유진 　뭐라고? 너 지금까지 한 말이 진심이니?

재욱 　응. 놀라게 해서 미안해.

유진 　그런데 왜 그 동안 아무 말도 하지 않았니?

재욱 　우리 사이가 멀어질까 봐 말하지 못했어.

유진 　…

재욱 　고백하지 않은 채로 있다면 우리는 친구 사이로는 남을 수 있잖아.

유진 　그럼 우리는 이제 친구가 될 수 없어?

재욱 　유진아, 난 너의 남자친구가 되고 싶어.

유진 　난 재욱아…난 너를…

재욱 　(유진의 말을 가로막으며 / 阻止宥真说下去) 지금 바로 말하지 않아도 돼. 충분히 생각해 보고 너의 마음을 나에게 말해 줄래? 목이 빠지게 연락을 기다리고 있을게.

지금까지 한 말이 진심이에요?

네, 놀라게 해서 미안해요.

그런데 왜 그동안
아무 말도 하지 않았어요?

우리 사이가 멀어질까 봐
말하지 못했어요.

그럼 우리는 이제
친구가 될 수 없어요?

난 당신의 남자친구가 되고 싶어요.

목이 빠지게 기다리다

• 몹시 안타깝게 기다린다는 표현

예 아이돌 가수의 공연을 **목이 빠지게 기다리다**.

한국으로 여행가는 날을 **목이 빠지게 기다리다**.

민지에게

매일 얼굴을 보면서 편지를 쓰려니 너무 쑥스럽네. 오늘은 학교에서 잘 보냈니?

점심은 맛있게 먹었니? 사실은 하루에도 몇 번씩 네가 잘 있나 궁금하고 보고 싶어. 초등학교 때부터 친하게 지내서 너는 나를 친구로만 생각하겠지?

오래된 친구인 너를 좋아하게 됐나봐. 내 마음을 들키지 않으려고 일부러 짓궂은 장난도 쳤지만 내 마음은 늘 떨렸어. 내가 고백하면 우리 사이가 어색할까봐 말하지 못했어.

그렇지만 이제 고백할게. 민지야 사랑해. 나의 소중한 여자 친구가 되어줄래?

8월 20일

준수가

1. 편지를 보낸 사람은 누구입니까?

2. 편지를 받을 사람은 누구입니까?

3. 편지를 쓴 날짜는 언제입니까?

4. 왜 민지에게 고백하지 못했나요?

5. 두 사람은 언제부터 친구가 되었나요?

구문연습

1 -(으)ㄴ 채로 用于动词后，表示过去已经存在的状态的持续。

· 동사와 함께 사용하여 그 행동을 한 상태를 유지하고 있음을 나타내는 표현

> **보기**
>
> 옷을 입다, 물에 들어가다
>
> ▶ 옷을 **입은 채로** 물에 들어갔다.

연습문제

※ 다음 빈칸에 알맞은 단어를 넣어 문장을 완성해 보세요.

1. 안경을 쓰다, 세수를 하다

▶ _____

2. 눈을 뜨다, 잠을 자다

▶ _____

3. 신발을 벗다, 밖으로 나가다

▶ _____

4. 안전벨트를 풀다, 운전을 하다

▶ _____

5. 열쇠를 안에 두다, 문을 잠그다

▶ _____

2 **-(으)ㄹ까 봐** 对要发生的事表示担心。

• 어떤 일이 생길 것 같아서 걱정할 때 사용하는 표현

> **보기**
>
> 그런데 왜 그 동안 아무 말도 하지 않았니?
>
> ▶ 우리 사이가 **멀어질까 봐** 아무 말도 못 했어. (멀어지다)

연습문제

※ 다음 빈칸에 알맞은 단어를 넣어 문장을 완성해 보세요.

1. 왜 거짓말을 했니?

▶ 부모님이 _____ 거짓말을 했어. (걱정하다)

2. 왜 겨울옷을 입었어요?

▶ 산에 가면 _____ 겨울옷을 입었어요. (춥다)

3. 음식을 정말 많이 준비했네요.

▶ 네. 음식이 _____ 많이 준비했어요. (부족하다)

4. 일찍 도착했네요.

▶ 네. 비행기를 _____ 일찍 출발했어요. (놓치다)

5. 왜 이렇게 조금 먹어요?

▶ _____ 많이 못 먹겠어요. (살이 찌다)

17과 기차

학습목표

• 기차표 사기

열차명 火车名			
ktx	srt	새마을 新村号	무궁화 木槿花号

• 표사는 곳 售票处

• 타는 곳 乘车处 ← → 나가는 곳 出口

 타는곳 대구 진주 부산 ②

(뜻밖의 고백에 유진은 머릿속이 복잡했다. 기차를 타러 무작정 역으로 갔다. / 意外的告白使宥真的脑子很乱，漫无目的地走向了火车站。)

판매원 다음 손님! 어디 가십니까?

(목적지를 정하지 못한 유진은 예전에 미영이 부산 바다가 멋있다는 말이 떠올랐다. / 还没有确定下来要去哪里的宥真突然想起以前美英说过釜山的海很美。)

유진 부산이요.

판매원 어른 1장이요?

유진 네.

판매원 부산은 직통이 없어서 환승하셔야 합니다.

유진 환승이요?

판매원 네, 환승열차밖에 없어요. 천안아산역에서 갈아타셔야 해요.

(표를 건네받은 유진 / 拿到票的宥真)

유진 10B는 무엇인가요?

판매원 10B는 좌석번호입니다.

유진 네.

판매원 타는 곳은 2번이에요. 안내방송에 나오는 대로 이동하시면 됩니다.

유진 네, 고맙습니다.

(유진은 혼자 여행하는 것이 쉽지 않은 일이라는 생각이 들었다. / 宥真感觉到一个人的旅行不是一件容易的事。)

유진 잘 찾아갈 수 있을까? 걱정이 태산이네.

다음 손님! 어디 가십니까?

부산이요.

부산은 직통이 없어서
환승하셔야 합니다.

환승이요?

10B는 무엇인가요?

10B는 좌석번호입니다.

걱정이 태산이다

- 해결해야 할 일이 너무 많거나 복잡해서 걱정이 태산처럼 크다는 표현

예 한국어가 어려워서 <u>걱정이 태산이다</u>.

차비가 없어서 집에 어떻게 갈지 <u>걱정이 태산이다</u>.

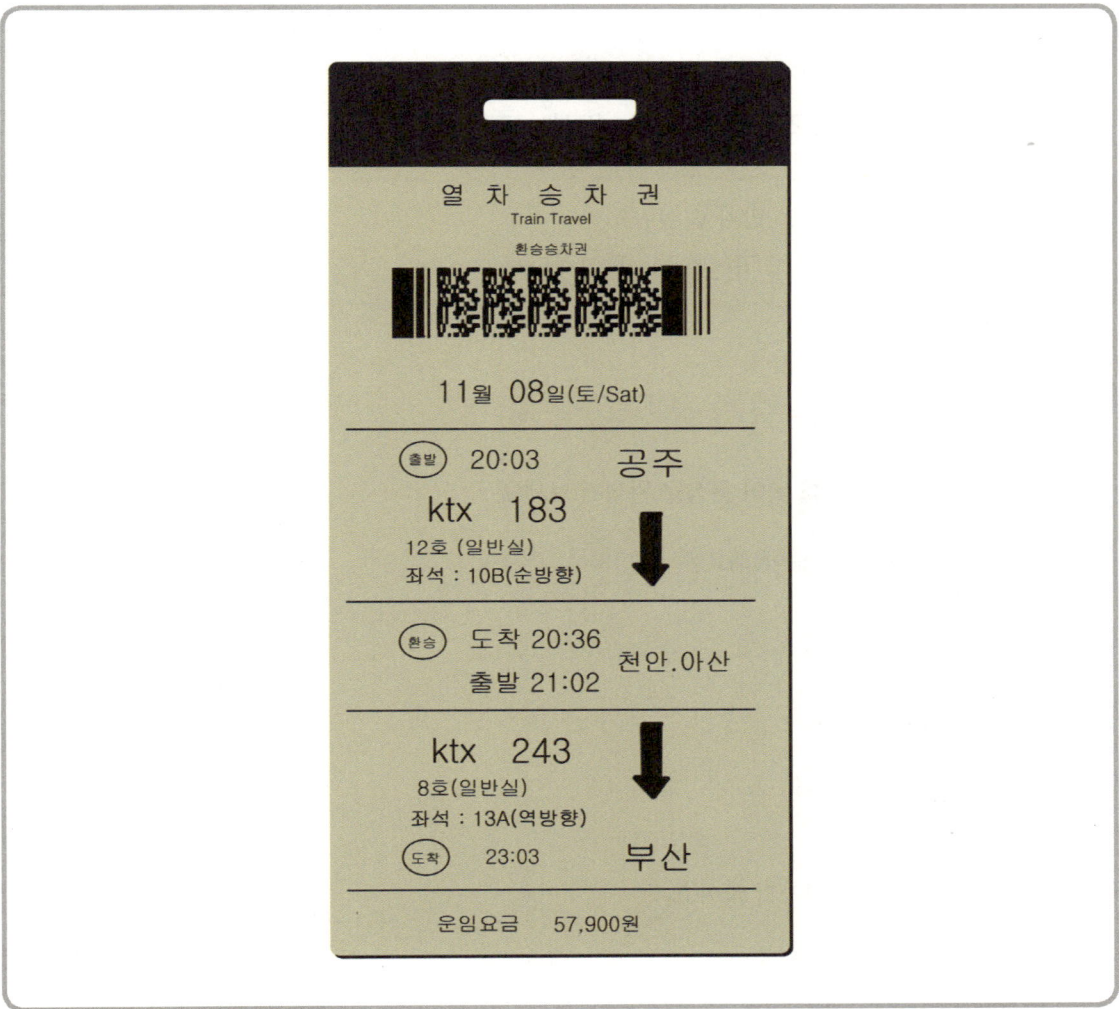

1. 열차승차권의 출발역과 도착역은 어디입니까?

2. 어느 역에서 갈아타야 합니까?

3. 운임요금은 얼마입니까?

4. 공주역에서 천안아산역까지 갈 때 몇 호차에 타야 합니까?

5. 열차를 타는 날짜는 언제입니까?

구문연습

1 **─(으)면 되다** 表示能够达到某种目的的条件，相当于汉语的 "……的话就可以" 等。

• 어떤 결과나 기준에 충분한 조건이나 정도를 나타내는 표현

보기

김 선생님을 만나고 싶어요.

▶ 2층으로 **가시면 됩니다.** (가다)

연습문제

※ 다음 빈칸에 알맞은 단어를 넣어 문장을 완성해 보세요.

1. 언제까지 수강신청을 해야 해요?

▶ 8월 15일까지 _____. (신청하다)

2. 서울역은 어떻게 가요?

▶ 7001번 버스를 _____. (타다)

3. 옷에 묻은 커피가 지워지지 않아요.

▶ 걱정하지 마세요. 세탁소에 _____. (맡기다)

4. 공항에 몇 시까지 가야 해요?

▶ 10시까지 _____. (오다)

5. 의사선생님, 입원해야 해요?

▶ 아니요. 일주일 동안 약만 _____. (먹다)

2 **-는 대로** 表示某种状态或行动出现后，"随即，马上" 的意思。

• 앞의 어떤 상태나 행동에 이어서 다른 행동을 할 때 사용하는 표현

보기	책을 다 읽다, 도서관에 반납하다
	▶ 책을 다 **읽는 대로** 도서관에 반납해요.

연습문제

※ 다음 빈칸에 알맞은 단어를 넣어 문장을 완성해 보세요.

1. 중국에 돌아오다, 전화하다

　　▶ 중국에 _____ 전화하세요.

2. 휴대전화를 찾다, 연락하다

　　▶ 휴대전화를 _____ 연락하겠습니다.

3. 편지를 받다, 답장을 하다

　　▶ 편지를 _____ 답장을 하겠습니다.

4. 방학을 하다, 아르바이트를 하다

　　▶ 방학을 _____ 아르바이트를 할 거예요.

5. 일이 끝나다. 약속장소로 가다

　　▶ 일이 _____ 약속장소로 갈게요.

18과 지하철

학습목표

- 길 찾기

한국 미술 100년 展
국립미술관

시원한 눈매 눈성형

ABC
237 000

- 지하철안내도
  地铁图

- 1호선 1号线

- 2호선 2号线

- 스크린도어
  屏蔽门

- 안전선 安全线

- 지도 地图

Welcome to Busan

1회용 발매, 교통카드 충전

- 승객
  乘客

- 안내책자
  指南手册

- 승무원
  乘务员

대화

(천안아산역에서 환승하여 무사히 부산역에 도착한 유진은 한숨을 돌렸다. 관광지를 찾아가기 위해서 부산역 여행센터에 도움을 요청하기로 하였다. / 在天安牙山站换乘，安全地抵达釜山站，宥真叹了口气。为了查找旅游景点，宥真向釜山区域旅游中心请求帮助。)

안내원   어서 오세요.

유진   안녕하세요. 부산에 처음 왔어요.

안내원   네. 그러세요? 여기 안내 책자와 지도입니다. 관광지와 맛집이 소개되어 있습니다. 또한 지하철 노선도와 관광지가 지도에 표시되어 있습니다.

유진   부산에서 유명한 바닷가가 어디예요?

안내원   해운대, 광안리, 송정, 태종대 모두 제각각 매력이 있는 아름다운 바다입니다.

(유진은 해운대에 가기로 결정하였다. / 宥真决定去海云台。)

유진   해운대에 가려면 어떻게 해야 하나요?

안내원   지하철을 타고 가는 방법과 버스를 이용하는 방법이 있어요.

유진   지하철역이 가까이 있나요?

안내원   부산역 앞 광장을 지나 바로 보이는 지하철역에서 1호선을 타고, 여섯 정거장을 가신 후 서면역에서 2호선으로 환승을 하셔서 해운대역으로 가시면 됩니다.

유진   부산역에서 해운대역까지 가깝나요?

안내원   조금 먼 편입니다. 총 소요시간은 약 50분 정도이며, 요금은 교통카드 기준으로 1,300원입니다.

안녕하세요. 부산에 처음 왔어요.

네. 그러세요?
여기 안내 책자와 지도입니다.

부산에서 유명한 바닷가가 어디예요?

해운대, 광안리, 송정, 태종대 모두
제각각 매력이 있는 아름다운 바다입니다.

부산역에서 해운대역까지 가깝나요?

조금 먼 편입니다.

한숨을 돌리다

- 힘겨운 고비를 넘기고 좀 여유를 가질 때 쓰는 표현

  예 너무 더우니까 잠깐 카페에서 한숨 돌리고 가자.

  비가 안 와서 걱정인데 곧 장마철이라서 한숨 돌렸다.

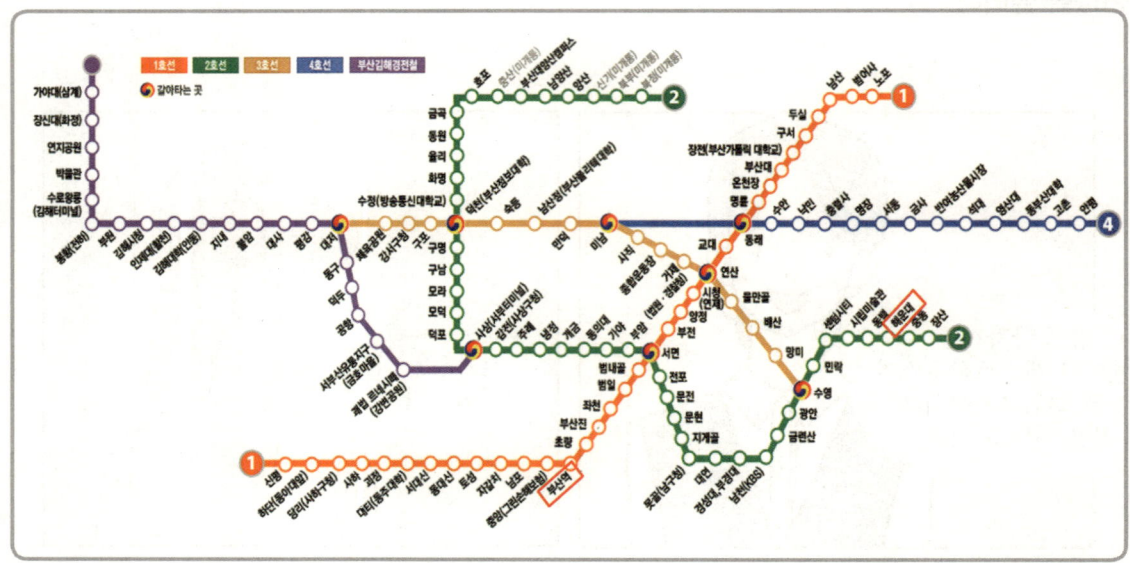

1. 부산역은 몇 호선인가요?

2. 해운대역은 몇 호선인가요?

3. 부산역에서 해운대까지 가려면 어느 역에서 갈아타야 할까요?

4. 부산역에서 범일역까지는 몇 정거장인가요?

5. 2호선의 색깔은 무엇인가요?

1 **−나요?** 表示温柔地询问对方，女性比男性更经常使用该表达。

• 상대방에게 부드럽게 물어볼 때 사용하는 표현

보기	어떤 음식을 **좋아하나요?** (좋아하다)
	▶ 한국음식을 좋아해요.

연습문제

※ 다음 빈칸에 알맞은 단어를 넣어 문장을 완성해 보세요.

1. 아르바이트가 언제 _____ ? (끝나다)

   ▶ 밤 9시에 끝나요.

2. 누구를 _____ ? (만나다)

   ▶ 유진과 재욱을 만나요.

3. 언제 회의를 _____ ? (시작하다)

   ▶ 오후 2시부터 회의를 해요.

4. 매일 아침식사를 _____ ? (드시다)

   ▶ 네. 항상 아침을 먹어요.

5. 유진이는 기숙사에 _____ ? (살다)

   ▶ 네. 기숙사에 살아요.

2 **-(/느)ㄴ 편이다.** 表示程度。表示说话人的主观判断，即"大体上属于哪一边"的意思。

• 어떤 사실을 정확하게 표현하기보다는 어떤 쪽에 가깝다고 할 때 사용하는 표현

보기
　　　부산역에서 해운대역까지 가깝나요?
　　　▶ 조금 **먼 편입니다.** (멀다)

연습문제

※ 다음 빈칸에 알맞은 단어를 넣어 문장을 완성해 보세요.

1. 재욱이는 부지런해요?

　▶ 네. 재욱이는 ＿＿＿＿＿＿＿＿＿＿＿＿＿＿＿＿＿＿＿＿＿＿. (부지런하다)

2. 한국 요리를 좋아해요?

　▶ 네. ＿＿＿＿＿＿＿＿＿＿＿＿＿＿＿＿＿＿＿＿＿＿. (좋아하다)

3. 책을 많이 읽어요?

　▶ 네. 한 달에 4권 정도 읽으니까 많이 ＿＿＿＿＿＿＿＿＿. (읽다)

4. 학교가 집에서 멀어요?

　▶ 아니요. 걸어서 10분 정도 걸리니까 ＿＿＿＿＿＿＿＿＿. (가깝다)

5. 커피를 자주 마셔요?

　▶ 네. 하루에 네 잔 정도 마시니까 많이 ＿＿＿＿＿＿＿. (마시다)

19과 바다

학습목표

• 사과하기

갈매기 海鸥

배 船

관광객 游客

모래성 沙堆
쌓다 堆

구명조끼 救生衣

오리발 脚蹼

파도 波浪

불가사리 海星

해변 海边

바다 大海

(해운대에서 멋진 바다를 보며, 유진은 한국에서의 대학생활을 되돌아보았다. 미영과 재욱이 있어서 즐거웠던 일들을 떠올리며, 두 사람이 자신에게 소중한 사람이라는 생각이 들었다. 공주로 돌아오는 기차에서는 고민도 걱정도 잊은 채 좌석에 앉아 자면서 돌아왔다. 유진은 재욱에게 전화를 걸어 만나기로 하였다. / 宥真，在海云台看着美丽的大海，回忆起了自己的大学生活。回想起了跟美英，在旭一起开心的时光，突然感觉到这俩个人对自己很珍贵。在回公州的火车里，宥真忘了所有的苦恼和担心，一边睡着一边回到了公州。宥真给在旭打电话，约在旭见面。)

재욱   유진아! 어디 갔다 오는 길이니?

유진   응, 부산에 다녀왔어.

재욱   뭐라고? 부산? 그 멀리까지 너 혼자서? 보통이 아닌데?

유진   잘 다녀왔어. 기차를 놓칠 뻔했지만.

재욱   부산에 가고 싶으면 나한테 말하지 그랬어?

유진   아니야. 혼자서 바다를 보면서 생각도 할 겸 다녀왔어.

재욱   내가 너에게 부담을 준 것 같아서 미안해.

유진   아니야. 재욱아! 그런데 우리 예전처럼 좋은 친구가 될 수 없을까?

재욱   그래. 우리는 앞으로도 좋은 친구가 될 거야. 난 그냥 너의 옆에서 좀 더 잘해 주고 싶을 뿐이야.

어디 갔다 오는 길이에요?

네, 부산에 다녀왔어요.

네, 잘 다녀왔어요.
기차를 놓칠 뻔 했지만요.

내가 부담을 준 것 같아서
미안해요.

우리 예전처럼
좋은 친구가 될 수 없을까요?

우리는 앞으로도
좋은 친구가 될 거예요.

보통이 아니다

- 평범하지 않고 특별하다.

  예 지금 경기장에 입장하는 선수는 <u>보통이 아니다</u>.

  내 친구는 한국어뿐만 아니라 영어 실력도 <u>보통이 아니다</u>.

워터파크 전면개장

감동과 재미를 동시에!
국내 최대 규모의 시설!

이용요금 : 성인 25,000원 / 청소년 20,000원 / 유아 10,000원

이용시간 : 오전 10시–오후 8시

개장일 6월 27일은 무료!

*음식물 반입금지

*수영모 반드시 착용

1. 워터파크 개장일은 언제입니까?

2. 워터파크에 반입이 금지된 것은 무엇입니까?

3. 성인 두 명의 이용요금은 얼마입니까?

4. 입장 시 반드시 착용해야 하는 것은 무엇입니까?

5. 몇 시부터 이용이 가능합니까?

구문연습

1 **-(으)ㄹ 뻔하다** 用于动词词干后，表示差一点出现某种情况，但实际并没发生，所以常和带有否定意思的动词在一起使用，同时也含有十分幸运的意思。类似汉语中的差点。

• 어떤 일이 거의 일어나려고 했으나 일어나지 않았음을 나타낼 때 사용하는 표현

보기

늦잠을 자서 수업에 **지각할 뻔했다**. (지각하다)

연습문제

※ 다음 빈칸에 알맞은 단어를 넣어 문장을 완성해 보세요.

1. 길이 미끄러워서 _____. (넘어지다)

2. 학교 앞에서 교통사고가 _____. (나다)

3. 차가 막혀서 기차를 _____. (놓치다)

4. 텔레비전 드라마를 보다가 음식을 _____. (태우다)

5. 회사 일이 바빠서 여자 친구 생일을 _____. (잊다)

2 -(으)ㄹ/일 뿐이다 表示唯一的, 除此之外再也没有了。

• 다른 일을 하지 않고 그 일만 하거나 중요하지 않은 일을 했다는 의미를 나타내는 표현

> **보기**
>
> 저의 일에 간섭하지 마세요.
>
> ▶ 아니에요. 저는 당신이 _____. (안타깝다)

연습문제

※ 다음 빈칸에 알맞은 단어를 넣어 문장을 완성해 보세요.

1. 어제 같이 영화관에 간 사람이 여자 친구예요?

  ▶ 아니에요. 그냥 우연히 _____. (만나다)

2. 요즘 무슨 일 있어요?

  ▶ 아니에요. 조금 _____. (바쁘다)

3. 살이 많이 빠졌어요. 운동을 많이 해요?

  ▶ 아니에요. 밥을 조금씩 _____. (먹다)

4. 키가 아주 커요. 농구를 잘하겠어요.

  ▶ 아니에요. 키만 _____. (크다)

5. 1등 축하해요. 어떻게 하면 공부를 잘 할 수 있어요?

  ▶ 특별한 방법은 없어요. 수업을 열심히 _____. (듣다)

20과 택배

학습목표
・사과하기

국제우편 国际邮递

국내우편 国内邮递

택배 快递

금융

집배원 邮递员

우편창구 邮政窗口

고객대기선 顾客等候区

악수 握手

돈을 세다 点钱

상자 箱子

대화

(유진은 날씨가 따뜻해지자, 겨울옷과 신발을 중국으로 보내기로 하였다. 우체국으로 들어간 유진 / 天气变暖和了，宥真想要把冬天的衣服和鞋子邮寄回中国，于是去了邮局。)

직원 어서 오세요. 무엇을 도와 드릴까요?

유진 택배를 보내려고 합니다.

직원 번호표 뽑으시고, 우편창구로 가세요.

(기다리는 동안 유진은 잡지에서 맛있는 케이크 사진을 보았다. / 在等待的时候，柳真看到杂志上美味的蛋糕图片。)

유진 그림의 떡이네.

(자신의 차례가 되어 우편창구로 간 유진 / 轮到自己，宥真走向邮政窗口。)

유진 중국으로 택배를 보낼까 합니다. 얼마나 걸리나요?

직원 보통 3-5일 정도 걸리는데 물량이 많으면 지연될 수 있어요.

유진 이 상자를 보내 주세요.

직원 저기 가셔서 우체국 국제특송 기표지를 써 주세요.

유진 한국어로 적으면 되나요?

직원 영문으로 적어 주세요. 중국에서 받으실 분 휴대폰 번호를 꼭 적어 주세요.

(우체국 국제특송 기표지를 직원에게 건넨 유진 / 宥真把国际快递单递给职员)

직원 내용물이 무엇입니까?

유진 옷과 신발이에요.

직원 (저울을 가리키며 / 指着秤) 상자를 올려주세요. 무게는 7.15kg이고 요금은 40,400원입니다.

유진 네, 여기 있습니다.

택배를 보내려고 합니다.

번호표 뽑으시고,
우편창구로 가세요.

중국으로 택배를 보낼 건데
얼마나 걸리나요?

보통 3-5일 정도 걸리는데
물량이 많으면 지연될 수 있어요.

한국어로 적으면 되나요?

영문으로 적어주세요. 중국에서 받으실 분
휴대폰 번호를 꼭 기입해주세요.

재미있는 한국어

그림의 떡

- 아무리 마음에 들어도 이용할 수 없거나 차지할 수 없는 경우를 이르는 말

예 꿈을 꾸지만 노력하지 않는다면 그것이 바로 <u>그림의 떡</u>이다.
예쁜 옷을 가지고 싶은데 돈이 없다. 나에게는 <u>그림의 떡</u>이다.

▶ 한국택배 택배조회결과 ▶

고객님의 소중한 상품이 어디까지 전달되고 있는지 실시간 배송정보를 확인하실 수 있습니다.

국내 택배조회   국제 특송조회   운송장 영수증 출력

조회결과

운송장번호	보내는 분	받는 분	상품정보	수량
123456789	대한서적	이유진	자존감 수업(도서)	1

상품상태 확인

01 상품인수   02 상품이동중   03 배달지도착   04 배달출발   05 배달완료

단계	처리일시	상품상태	담당 점소
4	9월 2일 15:20	배송 출발하였습니다.	공주

1. 상품을 받는 사람은 누구입니까?

2. 상품은 언제 배송이 시작되었나요?

3. 택배로 받을 상품은 무엇입니까?

4. 택배를 보낸 곳은 어디입니까?

5. 상품을 배송하는 택배회사는 어디입니까?

구문연습

1 **-(으)ㄹ까 하다** 惯用型，用于动词词干后，表示意志、打算。主语只能用第一人称。相当于汉语的 "我想……"，"我打算……"。

• 상대방이 이미 알고 있는 것을 확인하거나 잘 모르는 것을 설명할 때 사용하는 표현

보기	주말에 뭐 할 거예요?
	▶ 요즘 너무 피곤해서 집에서 **쉴까 해요**. (쉬다)

연습문제

※ 다음 빈칸에 알맞은 단어를 넣어 문장을 완성해 보세요.

1. 이번 방학에 뭐 할 거예요?

　　▶ 부모님의 일을 ＿＿＿＿＿＿＿＿＿＿＿＿＿＿＿＿＿＿. (도와드리다)

2. 택시를 탈까요? 버스를 탈까요?

　　▶ 시간이 많이 남아서 ＿＿＿＿＿＿＿＿＿＿＿＿＿＿＿. (걸어가다)

3. 집이 학교에서 멀어서 힘들지 않아요?

　　▶ 네. 그래서 학교가 가까운 곳으로 ＿＿＿＿＿＿＿＿＿. (이사하다)

4. 집에 먼지가 많아요.

　　▶ 주말에는 ＿＿＿＿＿＿＿＿＿＿＿＿＿＿＿＿＿＿＿. (청소하다)

5. 커피를 자주 마셔요?

　　▶ 네. 하루에 네 잔 정도 마시니까 조금 적게 ＿＿＿＿＿＿. (마시다)

2 **─아/어 주다(드리다)** 用于动词词干后, 表示 "为某人做某事".

• 다른 사람을 위해 어떤 행동을 대신 해 줌을 나타내는 표현

>
> 동생에게 동화책을 **읽어 줬어요.** (읽다)

연습문제

※ 다음 빈칸에 알맞은 단어를 넣어 문장을 완성해 보세요.

1. 동생의 숙제를 ＿＿＿＿＿＿＿＿＿＿＿＿＿＿＿＿＿＿＿＿. (돕다)

2. 친구가 한국어를 ＿＿＿＿＿＿＿＿＿＿＿＿＿＿＿. (가르치다)

3. 교수님이 학생들의 점심을 ＿＿＿＿＿＿＿＿＿＿＿＿. (사다)

4. 오늘 아침에 아버지의 구두를 ＿＿＿＿＿＿＿＿＿＿＿＿. (닦다)

5. 가족들이 나의 대학합격을 ＿＿＿＿＿＿＿＿＿＿＿. (축하하다)

학습목표

• 발표하기

• 출입문 出入门

• 한숨 一会儿

• 간식 零食

• 자료 资料

(3교시 수업 중 / 第三节 课程中)

교수   조별 과제는 다음 주 화요일까지입니다.

(미영과 유진은 같은 조에 편성이 되어 있었다. / 美英和宥真被编入一组。)

조원   수업 끝나고 과제를 나눌 겸 강의실에서 만날까?

유진   그래, 알았어.

(미영과 유진은 강의실에서 각자 맡은 역할을 나누었다. 미영은 유진에게 어렵게 말을 건넨다. / 在课堂上，美英和宥真分配好个自的任务。美英欲言又止地对宥真开了口。)

미영   유진아! 우리 회의 끝나고 나서 이야기 좀 할까?

유진   (유진은 말없이 고개를 끄덕인다. / 宥真没有讲话，只是点了点头。)

미영   유진아! 그동안 너에게 말 못해서 미안해.

유진   …

미영   네가 놀랄 만해.

유진   응, 놀라긴 했지. 네가 수현 선배를 만나고 있다고는 꿈에도 생각지 못 했어.

미영   정말 미안해.

유진   아니야. 처음에는 수현 선배에게 호감이 있었지만, 지금은 아니야.

미영   그렇구나.

유진   사랑의 감정은 쉽게 찾아오는 것이 아니래. 수현 선배와 잘 되었으면 해.

미영   우리 여전히 좋은 친구지?

유진   그럼, 두말하면 잔소리! 넌 나의 소중한 친구야.

조별과제는 다음 주 화요일까지입니다.

수업 끝나고 304호 강의실에서
과제를 분담할까요?

우리 회의 끝나고 나서
이야기 좀 할까요?

네, 좋아요.

처음에는 수현 선배에게
호감이 있었지만, 지금은 아니에요.

그렇군요.

두말하면 잔소리

• 이미 말한 내용이 틀림없으므로 더 말할 필요 없음을 강조하는 표현

예 오늘 본 영화는 정말 재미있었어. **두말하면 잔소리**지.

두말하면 잔소리겠지만 한국어를 배우려면 공부를 열심히 해야 해.

한국사랑
글짓기 공모전

[주   제] 한국의 역사, 자랑 등 소개
[부   문] 글짓기
[응모자격] 한국대학교 학부생
[접수기간] 9월 2일(화)~9월 15일(금)
[참여방법] 이메일 제목에 "한국대학교 공모전"으로 표기하여 출품
[접수방법] 공모전 참가신청서 및 서약서를 첨부하여 이메일 제출

[시상내역]
최우수 1편 상금 50만원 및 상장
우수   2편 상금 각 30만원 및 상장
장려   5편 상금 각 10만원 및 상장

[발표 및 시상]
발표 : 10월 3일(예정)
대학 홈페이지 게시

1. 공모전에 접수하는 방법은 무엇입니까?

2. 장려상의 상금은 얼마입니까?

3. 결과는 언제 발표하나요?

4. 공모전의 주제는 무엇입니까?

5. 접수기간은 언제입니까?

구문연습

1 **-(으)ㄹ 겸 ~ -(으)ㄹ 겸** 接在动词词干后，表示前后动作一起实现，相当于汉语中的"顺便做某事"。

• 뒤에 오는 행동의 목적이 두 개 이상임을 나타낼 때 사용하는 표현

> 보기
>
> 친구도 만날 겸 구경도 할 겸 서울에 가요. (친구를 만나다, 구경을 하다)

연습문제

※ 다음 빈칸에 알맞은 단어를 넣어 문장을 완성해 보세요.

1. _____ 도서관에 가요. (시험공부를 하다, 책을 빌리다)

2. _____ 백화점에 가요. (쇼핑을 하다, 선물을 사다)

3. _____ 아르바이트를 해요. (일을 배우다, 돈을 벌다)

4. _____ 고향에 가요. (부모님을 만나다, 볼일을 보다)

5. _____ 교수님을 만나요. (인사를 드리다, 상담을 하다)

2 **─(으)ㄹ 만하다** 表示前半句的人或物有价值，所以推荐给他人。"值得…"。

• 어떤 행동을 해도 괜찮거나 그 행동을 할 만한 가치가 있음을 나타내는 표현

> 보기
>
> 한국 여행 어땠어요?
>
> ▶ 재미있었어요. **가 볼 만해요**. (가 보다)

연습문제

※ 다음 빈칸에 알맞은 단어를 넣어 문장을 완성해 보세요.

1. 그 책 재미있어요?

　　▶ 네. _____. (읽다)

2. 오늘 많이 춥지 않아요?

　　▶ 조금 춥지만 _____. (견디다)

3. 감기에 걸렸네요. 병원에 가 보세요.

　　▶ 괜찮아요. 아직 _____. (참다)

4. 이번 시험문제 너무 어렵지 않아요?

　　▶ 아니요. 어렵지만 _____. (풀다)

5. 떡볶이 안 매워요?

　　▶ 괜찮아요. 조금 맵지만 _____. (먹다)

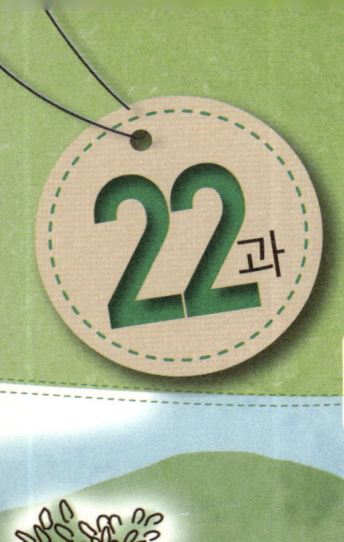

22과 대학축제

학습목표

• 제안하기

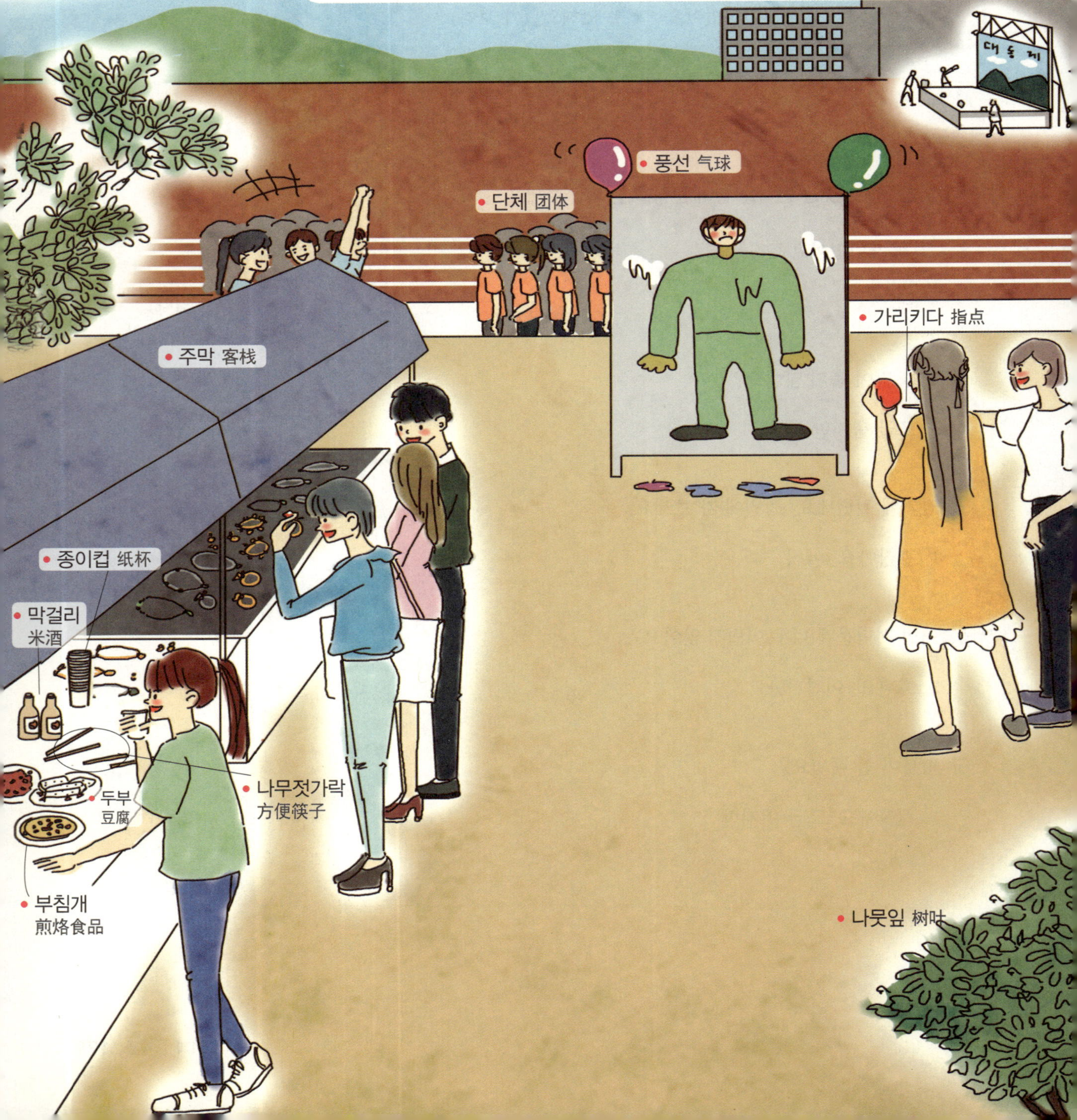

대동제
풍선 气球
단체 团体
가리키다 指点
주막 客栈
종이컵 纸杯
막걸리 米酒
나무젓가락 方便筷子
두부 豆腐
부침개 煎烙食品
나뭇잎 树叶

대화

(아침부터 학교가 시끌시끌. 대학축제가 시작되었다. 미영과 유진은 축제를 구경하고 있었다. / 从早上 开始，学校就热闹极了。大学庆典开始了。美英和宥真在观赏庆典。)

재욱 애들아! 축제 구경하니?

미영 응. 재미난 부스들이 너무 많아. 물풍선 던지기 게임해 볼까?

유진 좋아.

(미영, 유진, 재욱은 신나게 축제를 즐긴다. / 美英，宥真，在旭三人兴奋地沉浸在庆典中。)

미영 맥주 빨리 마시기 대회에도 나가 보자.

유진 와~ 재미있겠다. 자신 있어. 난 맥주를 잘 마시는 편이야.

미영 저녁에 연예인도 온대. 버즈 공연이 정말 기대돼.

재욱 와! 공연이 볼 만하겠다. 벌써 3시네. 난 이제 가봐야겠어.

미영 재욱이 넌 어디에 가려고?

재욱 학생회 모임에 가려던 참이야. 손이 모자라거든.

미영 그래. 저녁 공연 때 만나.

재욱 일이 끝나는 대로 공연장으로 바로 갈게.

축제 구경하세요?

재미난 부스들이 너무 많아요.
물풍선 던지기 게임해 볼까요?

맥주 빨리 마시기 대회에도
나가 보세요.

자신 있어요.

저는 이제 가봐야겠어요.

왜 이렇게 바쁘세요?

손이 모자라다

- 할 일이 많아서 일손이 모자란다는 뜻

예 손이 모자라서 일할 사람을 모집하기로 했다.

크리스마스에는 사람이 너무 많아서 가게에 손이 모자란다.

진해 군항제

달빛 아래 진해의 골목은 벚꽃으로 빛나고

축제기간 : 04. 01.(토)~04. 10.(월)

이충무공 호국 행렬 : 04. 08(토)~04. 09.(일) 2일간 오후 1시~1시30분

공연예술행사장소 : 중원로터리 특설무대

*임시주차장 3곳을 이용하시면 교통 혼잡이 줄어듭니다.

*임시주차장에서 행사장까지 5분 단위로 셔틀버스가 운행됩니다.

1. 축제의 이름은 무엇입니까?

2. 이충무공 호국 행렬은 며칠 동안 합니까?

3. 임시주차장은 몇 개입니까?

4. 공연예술행사를 하는 곳은 어디입니까?

5. 축제는 언제부터 시작합니까?

구문연습

1 **─아/어 보자** 用于动词词干后，表示提议一起做某事的时候使用。

• 어떤 행동을 함께 하자고 제안할 때 사용하는 표현

> **보기**   공원에서 지갑을 잃어버렸어.
>
> ▶   공원에 가서 함께 **찾아 보자**. (찾다)

연습문제

※ 다음 빈칸에 알맞은 단어를 넣어 문장을 완성해 보세요.

1. 이상해. 문이 열리지 않아.

    ▶ 그래? 함께 _____ . (밀다)

2. 시간이 없는데 재욱이가 왜 이렇게 안 오지?

    ▶ 조금 더 _____ . (기다리다)

3. 이 일을 유진이가 할 수 있을까?

    ▶ 잘 할 거야. 유진이를 _____ . (믿다)

4. 시청에 가야 하는데 어떻게 가는지 모르겠어.

    ▶ 그래? 나랑 같이 _____ . (가다)

5. 이 노래를 부르고 싶은데 너무 어려워.

    ▶ 내가 좋아하는 노래야. 같이 _____ . (부르다)

2 **―아/어야겠다** 用于动词词干后，表示 "应该"、"必须"。

• 어떤 일에 대해 말하는 이의 의지를 나타내는 표현

> 보기
>
> 이번 대회에서 꼭 <u>우승해야겠다</u>. (우승하다)

연습문제

※ 다음 빈칸에 알맞은 단어를 넣어 문장을 완성해 보세요.

1. 오늘부터 담배를 _____. (끊다)

2. 내일부터 일찍 _____. (출근하다)

3. 미래를 위해 돈을 _____. (벌다)

4. 집안일을 _____. (돕다)

5. 한국 유학을 위해 한국어를 _____. (배우다)

23과 공항

학습목표

- 공항 이용하기

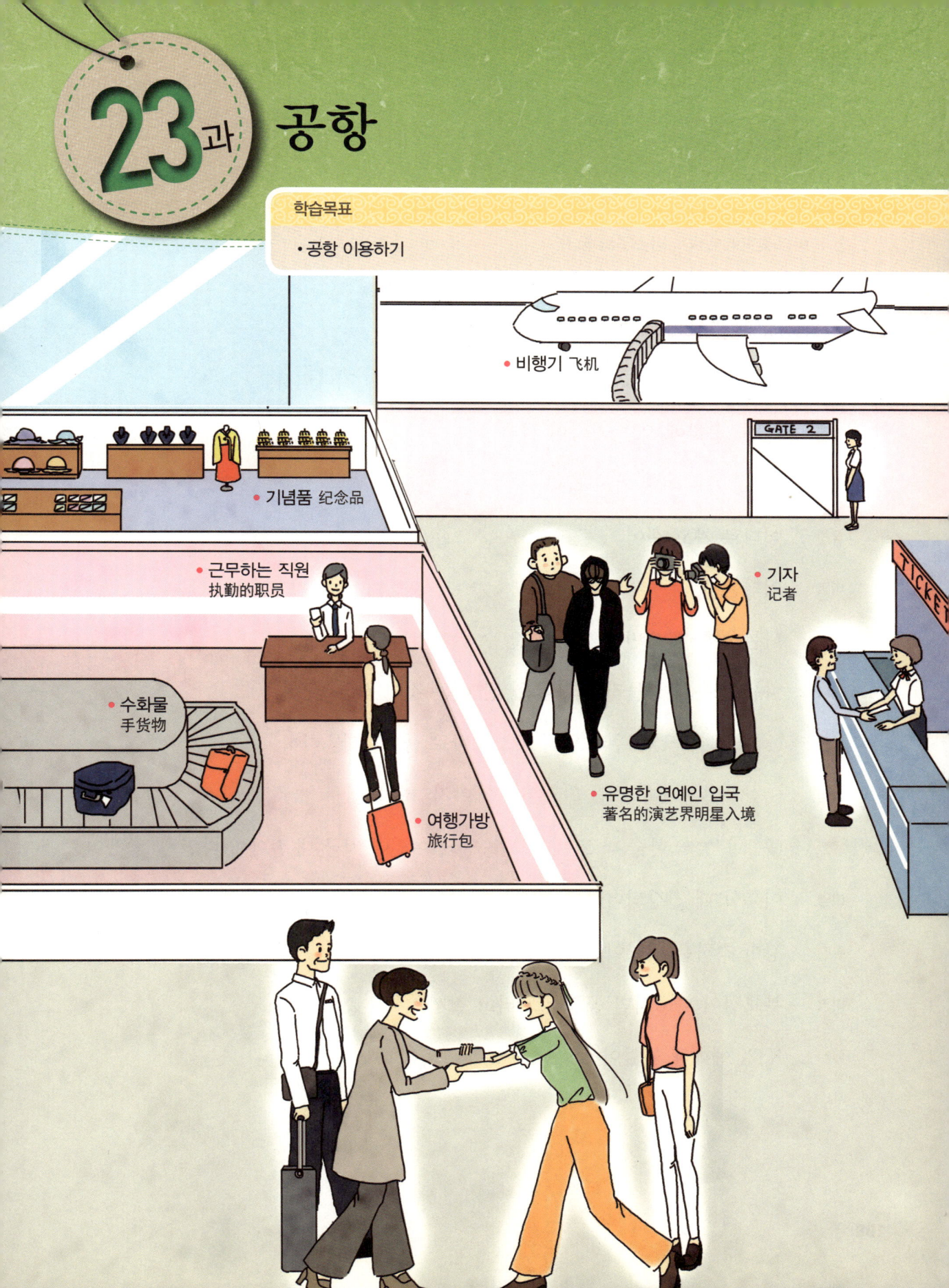

비행기 飞机

기념품 纪念品

근무하는 직원
执勤的职员

수화물
手货物

여행가방
旅行包

기자
记者

유명한 연예인 입국
著名的演艺界明星入境

GATE 2

TICKET

대화

(유진의 부모님이 한국을 방문하기로 하셔서 미영과 유진은 공항에 갔다. / 因为宥真的父母要到韩国了，所以美英和宥真一起去了机场。)

유진 미영아! 함께 와줘서 고마워.

미영 고맙긴. 국제선 도착은 저쪽이야. 저기에 가서 기다리자.

유진 그래, 공항에 오면 가슴이 설레.

미영 나도. 아~ 여행 가고 싶다.

유진 어디로 가고 싶어?

미영 어디든지.

유진 나는 공항에 오면 면세점을 갈 수 있어서 좋아.

미영 나는 라운지에 들러서 커피 한 잔 하는 것이 정말 좋아.

유진 (농담으로 / 开玩笑) 우리 입국장으로 바로 들어갈까? 하하

미영 (농담으로 / 开玩笑) 그럼 환전부터 해야지. 하하

유진 (웃으며 / 笑着) 한술 더 뜨는데. 탑승권과 여권이 지금 내 손에 있다면 참 좋겠어.

미영 이륙할 때 긴장되더라도 여행의 기쁨은 너무 커.

유진 강한 척하는 미영이도 긴장을 하는 구나.

미영 부모님이 나오시면 공항버스 타고 갈까?

유진 KTX 예매해 놓았어.

국제선 도착은 저쪽이야.
저기에 가서 기다려요.

그래요, 공항에 오면
가슴이 설레요.

어디로 가고 싶어요?

어디든지 가고 싶어요.

부모님이 나오시면
공항버스 타고 갈까요?

KTX 예매해 놓았어요.

한술 더 뜨다

- 이미 어느 정도 잘못되어 있는 일에 대하여 한 발짝 더 나아가 엉뚱한 짓을 한다는 의미

  예 그이는 바람피우고 한술 더 떠서 이혼을 하자고 한다.

  밤에 늦게 들어오는 것도 모자라서 오늘은 한술 더 떠서 아예 외박을 하는구나.

살아있는 한국어

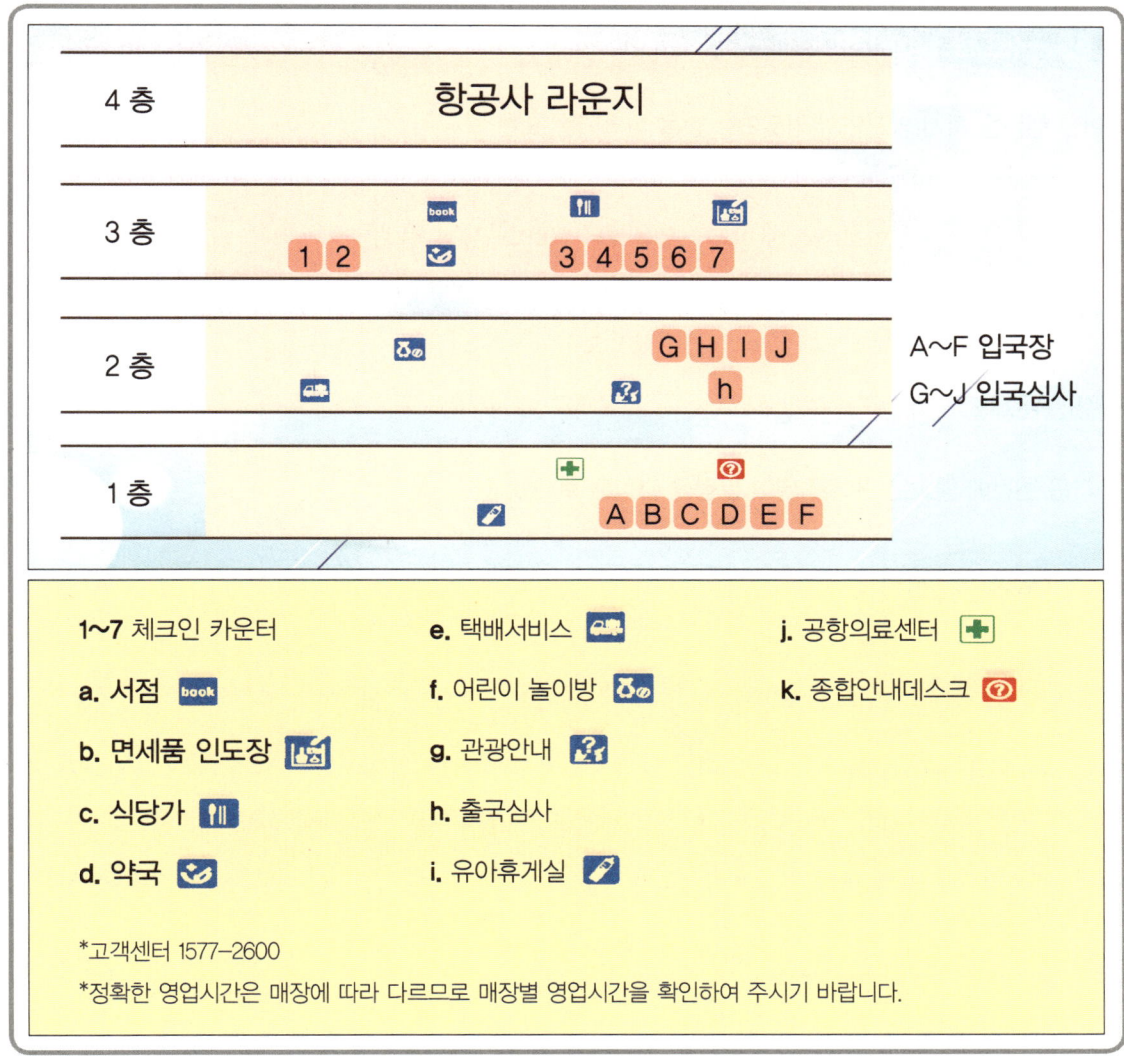

4층   항공사 라운지

3층   1 2   3 4 5 6 7

2층   G H I J   h   A~F 입국장

1층   A B C D E F   G~J 입국심사

1~7 체크인 카운터   **e.** 택배서비스   **j.** 공항의료센터

a. 서점   **f.** 어린이 놀이방   **k.** 종합안내데스크

b. 면세품 인도장   **g.** 관광안내

c. 식당가   **h.** 출국심사

d. 약국   **i.** 유아휴게실

*고객센터 1577-2600

*정확한 영업시간은 매장에 따라 다르므로 매장별 영업시간을 확인하여 주시기 바랍니다.

1. 서점은 몇 층에 있나요?

2. 유아휴게실은 어디에 있나요?

3. 4층에는 무엇이 있나요?

4. 식당으로 가려면 어디로 가야 할까요?

5. 고객센터의 전화번호는 무엇입니까?

1 **-(으/느)ㄴ 척하다** 用于表示做与事实相反的虚假行动或状态的时候。

• 어떤 행동을 하지 않으면서 거짓으로 함을 나타내는 표현

보기

만화책을 보면서 **공부하는 척하다**.(공부하다)

연습문제

※ 다음 빈칸에 알맞은 단어를 넣어 문장을 완성해 보세요.

1. 정답을 모르면서 _____. (알다)

2. 운동을 하기 싫어서 _____. (아프다)

3. 부모님께 혼날까 봐 _____. (모르다)

4. 술을 마시고 싶지 않아서 _____. (취하다)

5. 싫어하는 친구를 만나서 못 _____. (보다)

2 **─더라도** 表示假设或认可某件事实的前半句对后半句没有什么大的影响的时候使用。表示 "就算，再…"。

• 앞문장의 행동, 상황을 인정해도 뒷문장의 내용과 반대됨을 나타낼 때 사용하는 표현

> 보기
>
> **일이 많더라도** 주말에는 아이들과 함께 지낸다. (일이 많다)

연습문제

※ 다음 빈칸에 알맞은 단어를 넣어 문장을 완성해 보세요.

1. ＿＿＿＿＿＿＿＿＿＿＿＿＿＿＿＿ 포기하지 마세요. (실패하다)

2. ＿＿＿＿＿＿＿＿＿＿＿＿＿＿＿＿ 조금만 참아 주세요. (화가 나다)

3. ＿＿＿＿＿＿＿＿＿＿＿＿＿＿＿＿ 체육대회를 할 거예요. (비가 오다)

4. ＿＿＿＿＿＿＿＿＿＿＿＿＿＿＿＿ 항상 가게 문을 열어요. (손님이 없다)

5. ＿＿＿＿＿＿＿＿＿＿＿＿＿＿＿＿ 내일까지 일을 끝내 주세요. (피곤하다)

24과 아르바이트

학습목표

• 구직

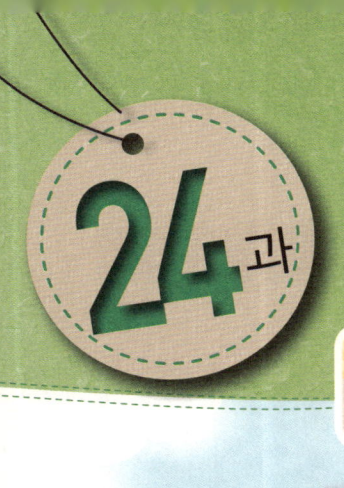

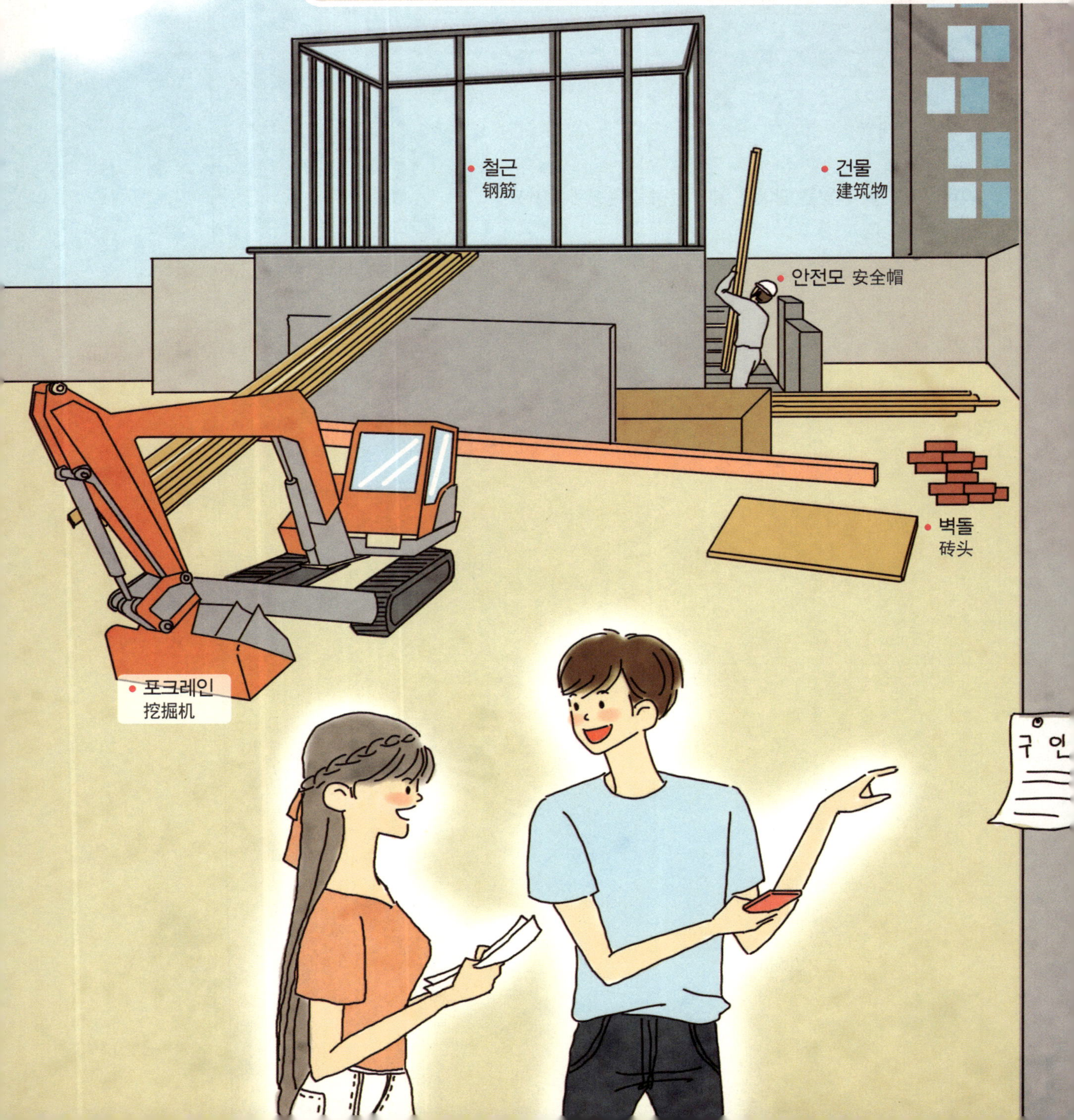

철근
钢筋
건물
建筑物
안전모 安全帽
벽돌
砖头
포크레인
挖掘机
구인

대화

(게시판을 지나다 구인광고를 보는 유진과 재욱 / 看完留言板后，又看招聘广告的宥真和在旭)

유진　아르바이트를 시작해야겠어. 다달이 관리비 내는 것이 만만치 않아.

재욱　아르바이트는 인터넷 사이트나 휴대전화 앱으로 알아볼 수 있어.

유진　내가 일을 잘 할 수 있을까?

재욱　그럼! 이유진은 어디서든지 잘 할 거야. 어깨를 활짝 펴.

(계속해서 아르바이트 자리를 알아보던 유진과 재욱 / 继续查寻打工信息的宥真和在旭)

재욱　편의점 어때? 시급도 괜찮고, 근무 시간도 너랑 맞는 것 같은데.

유진　응, 한번 연락해 볼까?

재욱　그래! 면접만 잘 보면 일을 구할 수 있을 거야.

(떨리는 마음으로 번호를 누르는 유진 / 宥真紧张地按下号码)

점원　여보세요!

유진　안녕하세요. 아르바이트 구하는 광고 보고 연락드렸습니다.

점원　네. 내일 이력서와 자기소개서 준비해서 편의점으로 올 수 있나요?

유진　네. 몇 시까지 가면 되나요?

점원　오후 5시 30분까지 오세요.

유진　네, 알겠습니다.

제가 일을 잘 할 수 있을까요?

당신은 어디서든지
잘 할 거예요.

시급도 괜찮고, 근무 시간도 맞아요.

한번 연락해볼까요?

아르바이트 구하는 광고 보고
연락드렸습니다.

내일 이력서와 자기소개서 준비해서
여기로 올 수 있나요?

어깨를 펴다

- 굽힐 것이 없이 당당하다는 뜻

  ❹ 힘든 일이 있어도 언제나 <u>어깨를 펴자</u>.

  아버지는 연이은 사업 실패로 <u>어깨를 펴지</u> 못하셨다.

아르바이트 구함

상호 : AA 편의점

위치 : 한국대학교 후문 근처

근무시간

평일 : PM 4:00~10:00

주말 : AM 11:00~PM 5:00

시급 : 6,500원

모집인원 : 1명

성별/연령 : 여, 나이 무관

선발 : 면접 후 선발

연락처 : 010-0000-2299

*이력서와 자기소개서 지참

1. 편의점의 위치는 어디인가요?

2. 시급은 얼마입니까?

3. 몇 명을 모집하나요?

4. 주말에는 몇 시까지 근무하나요?

5. 준비물은 무엇입니까?

구문연습

1 **-(이)든지** 不管选择什么都没有关系。

• 여러 가지 중에 하나를 선택하거나 무엇을 선택해도 괜찮음을 나타내는 표현

> **보기**
>
> 뭐 마실래요?
>
> ▶ **뭐든지** 괜찮아요. (뭐)

연습문제

※ 다음 빈칸에 알맞은 단어를 넣어 문장을 완성해 보세요.

1. 이번 가을 소풍은 어디로 갈까요?

▶ .... 괜찮아요. (어디)

2. 학교 운동장을 사용해도 될까요?

▶ 네, ... 사용할 수 있어요. (누구)

3. 회의를 해야 하는데 언제 시간이 있어요?

▶ .... 괜찮아요. (언제)

4. 이 옷을 입어봐도 괜찮아요?

▶ 네, ... 입어보세요. (얼마)

5. 도와주셔서 감사합니다.

▶ 아니에요. 필요한 것이 있으면 .... 말씀하세요. (무엇)

2 –(으/느)ㄴ 것 같다 有做出该推测的根据或理由，也可没有这种根据或理由。

• 현재의 상태, 행동 등을 추측할 때 사용하는 표현

보기

아기가 지금 <u>자는 것 같아요</u>. (자다)

연습문제

※ 다음 빈칸에 알맞은 단어를 넣어 문장을 완성해 보세요.

1. 재욱이는 요즘 _____. (바쁘다)

2. 빗소리가 들려요. 밖에 비가 _____. (오다)

3. 전화를 받지 않아요. 아무도 _____. (없다)

4. 유진은 극장에 자주 가요. 영화를 _____. (좋아하다)

5. 빵이 하나도 없어요. 언니가 이미 _____. (먹다)

200

25과 편의점

학습목표

• 소개하기

알약 丸药
증정 赠送
1+3
담배 烟
신문 报纸
냉장식품 冷藏食品
단무지 腌萝卜
컵라면 碗面
현금지급기 现金取款机
명찰 名牌
삼각김밥 三角紫菜包饭
샌드위치 三明治

대화

(유진은 편의점에서 알바를 시작하게 되었다. 알바를 시작한 후 너무 피곤해서 학교 수업에 늦거나 수업 중에 조는 일이 많아졌다. / 宥真开始了在便利店的工作。自从打工以后，身体疲惫，宥真经常上课迟到或者课堂上犯困。)

유진　알바 시작한 후로 수업 듣는 게 너무 힘들어졌어.

재욱　응. 그래 너 늘 피곤해 보여.

유진　과제도 할 시간이 없어서 애를 먹고 있어.

재욱　유진아! 알바 시간을 조절해 보는 게 어때?

(그때, 미영이 유진에게 달려오며 / 就在那时，美英向宥真跑过来)

미영　유진아! 너 과외 할래?

유진　과외? 그게 뭐야?

미영　1학년 후배들이 중국어를 배우고 싶다는데 딱 네 생각이 나더라.

유진　내가 후배들에게 중국어를 가르친다고?

재욱　그거 정말 잘됐다! 유진이 중국어 잘하잖아!

미영　그거야 당연하지! 중국인인데.

재욱　유진아! 편의점 알바 대신 과외 한번 해보는 게 어때?

알바 시작한 후로 수업 듣는 게
너무 힘들어졌어요.

늘 피곤해보여요.

과제도 할 시간이 없어서
애를 먹고 있어요.

알바 시간을 조절해 보는 게 어때요?

내가 후배들에게
중국어를 가르친다고요?

그거 너무 잘됐어요!
유진이 중국어 잘하잖아요!

애를 먹다

- 속이 상할 정도로 어려움을 겪는다는 뜻

  예 내일이 과제 마감인데 컴퓨터가 고장이 나서 애를 먹었다.

  할머니께서 스마트폰을 사용하시기까지 오랫동안 애를 먹으셨다.

살아있는 한국어

제품명 : 바나나 우유 1회 제공량 270ml
열량 205kcal 탄수화물 34g(10%) 당류 28g(12%)
단백질 8g(14%) 지방 4.3g(8%) 트랜스지방 0g
나트륨 300mg(15%)
*( )안의 수치는 1일 영양소 기준치에 대한 비율임
*직사광선을 피해 주십시오.
*빈 팩은 자원으로 재활용 됩니다.

*개봉 후 냉장보관 하거나 빨리 드시기 바랍니다.

1. 제품에 탄수화물이 얼마나 포함되어 있나요?

2. 개봉 후에는 어디에 보관해야 할까요?

3. 위 제품의 열량은 얼마입니까?

4. 제품의 이름은 무엇입니까?

5. 1일 영양소 기준치 몇 %의 단백질이 포함되어 있나요?

구문연습

• 말하는 이가 과거에 직접 경험하여 새로이 알게 된 사실을 그대로 옮겨 와 전달할 때 사용하는 표현

보기

1학년 후배들이 중국어를 배우고 싶다는 데 딱 네 생각이 **나더라**. (나다)

연습문제

※ 다음 빈칸에 알맞은 단어를 넣어 문장을 완성해 보세요.

1. 연예인을 처음 보니까 정말 _____. (설레다)

2. 남산에서 본 서울의 야경은 _____. (멋지다)

3. 한국에서 먹어 본 음식 중에서 불고기가 제일 _____. (맛있다)

4. 저 친구는 공부를 정말 열심히 _____. (하다)

5. 봄에 피는 벚꽃은 참 _____. (아름답다)

• 앞말이 나타내는 행동이나 상태와 다르거나 그와 반대임을 나타내는 표현

보기

편의점에서 **일하는 대신** 과외를 한번 해보는 게 어때? (일하다)

연습문제

※ 다음 빈칸에 알맞은 단어를 넣어 문장을 완성해 보세요.

1. 오늘은 축구를 _____ 농구를 할 거예요. (하다)

2. 아침에 밥을 _____ 과일을 먹는 것이 좋아요. (먹다)

3. 영화를 _____ 연극을 보러 갔다. (보다)

4. 빨간색 셔츠를 _____ 하늘색 셔츠를 입는 것이 어때요? (입다)

5. 커피를 _____ 차를 마셔요. (마시다)

26과 약국

학습목표

• 약국 이용하기

조제실 调剂室

약사 药剂师

처방전 处方

손소독제 手消毒剂

마스크 口罩

밴드 创可贴

비타민 维生素

약봉투 药包

붕대 绷带

소독약 消毒药

식염수 生理盐水

대화

(감기 기운이 있는 유진은 약국에서 감기약을 사서 집으로 간다. / 宥真稍微有些感冒症状，去药房买了些感冒药后回家去了。)

재욱 유진아! 감기 걸렸니?

유진 미열이 있고 기침을 조금 해. 약 먹으면 괜찮아 질 거야.

재욱 조심해. 오늘은 푹 쉬어.

유진 참! 걸어오면서 뮤지컬 〈아이다〉 포스터를 봤는데 너무 재미있겠더라.

재욱 그래? 우리 보러 갈까? 난 뮤지컬을 한 번도 본 적이 없는데.

유진 예전에 〈지킬 엔 하이드〉를 봤는데 너무 감동적이었어.

재욱 그럼 예매부터 해 볼까?

유진 뮤지컬 〈아이다〉라고 검색한 다음 사이트에 접속하면 되는 거지?

재욱 제법인데.

유진 회원 가입을 먼저 하고 예매하자.

(회원 가입을 마친 유진은 재욱에게 가능한 날짜를 물어본다. / 宥真申请好会员后，与在旭约定时间。)

유진 언제 볼까?

재욱 금요일 어때?

유진 금요일은 저녁 8시에 공연이 한 번 있어.

재욱 좋아! 벌써 설렌다. 좌석을 정해 볼까? 잘 보이는 1층 VIP석 〈나〉구역이 어떨까?

유진 여기 앉으면 배우들이 연기하는 눈빛까지 다 보일 것 같아.

재욱 빨리 보고 싶은 마음이 굴뚝같아.

미열이 있고 기침을 조금 해요.
약 먹으면 괜찮아 질 거예요.

조심해요.
오늘은 푹 쉬어요.

난 뮤지컬을 한 번도
본 적이 없는데요.

예전에 〈지킬 엔 하이드〉를 봤는데
너무 감동적이었어요.

잘 보이는 1층 VIP석 〈나〉구역이
어떨까요?

여기 앉으면 배우들이 연기하는
눈빛까지 다 보일 것 같아요.

굴뚝같다

- 바라거나 그리워하는 마음이 몹시 간절하다는 의미

  예 날씨가 너무 더워서 차가운 팥빙수가 <u>굴뚝같이</u> 떠오른다.

  이번에 개봉하는 영화를 꼭 봐야겠다는 생각이 <u>굴뚝같았다</u>.

효과 빠른 감기약

[효과]

감기의 증상(콧물, 코막힘, 재채기) 완화

[용법] 만 15세 이상 및 성인 : 1일 3회, 식후 30분

[성상] 적색의 투명한 액이 든 캡슐.

[주의사항] 다른 해열진통제를 복용해야 할 경우 반드시 의사와 상의할 것.

만 3개월 미만의 영아는 복용하지 말 것. 약을 복용하고 발진, 가려움, 구토 증상이

나타난 경우 복용을 중지할 것. 습기가 적은 서늘한 곳에 보관할 것.

1. 이 약의 효과는 무엇입니까?

2. 복용을 중지해야 하는 때는 언제입니까?

3. 하루에 몇 번을 복용해야 합니까?

4. 이 약의 색깔은 무엇입니까?

5. 어디에 보관해야 합니까?

구문연습

1 **-(으/느)ㄴ 적이 있다** 用于表示过去有无某种经验。

• 어떤 일을 한 경험이 있음을 나타내는 표현

> **보기**
>
> TV에서 한국 노래를 <u>들어본 적이 있다</u>. (들어보다)

연습문제

※ 다음 빈칸에 알맞은 단어를 넣어 문장을 완성해 보세요.

1. 우유를 먹고 _____. (배탈이 나다)

2. 어렸을 때 교통사고가 나서 _____. (다치다)

3. 한국 음식을 _____. (먹다)

4. 여행을 갔다가 길을 _____. (잃어버리다)

5. 한국어를 _____. (배우다)

• 말하는 사람의 추측을 나타내는 표현

보기	미열이 있고 기침을 조금 해요.
	▶ 이 약을 먹으면 **괜찮아질 거예요**. (괜찮다)

연습문제

※ 다음 빈칸에 알맞은 단어를 넣어 문장을 완성해 보세요.

1. 이 사이즈가 저한테 맞을까요?

   ▶ 조금 _____. 이 사이즈로 입어 보세요. (크다)

2. 오늘 시험이 있는데 걱정이 돼요.

   ▶ 공부를 열심히 했으니 _____. 걱정하지 말아요. (잘 보다)

3. 자몽은 어디에 있어요?

   ▶ 과일 코너의 2번째 줄에 _____. (있다)

4. 지현 씨가 늦게 오네요. 무슨 일이 있어요?

   ▶ 아마 _____. 차가 많이 막히나 봐요. (오고 있다)

5. 오늘도 그 가게 영업을 할까요?

   ▶ 오늘은 아마 _____. (쉬다)

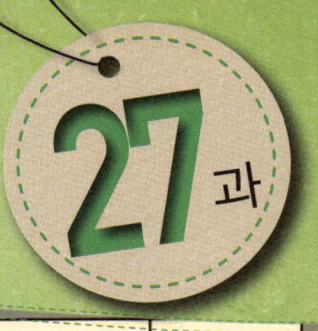

27 과 공연

· 배우 演员

· 무대 舞台

· 오케스트라 管弦乐团

· 객석 座位

· 좌석배치도 座位配置图

· 매표소 售票处

ICKET

· 티켓 票

(뮤지컬 〈아이다〉를 보러온 유진과 재욱은 전반부 공연이 끝나고 쉬는 시간에 공연에 대하여 이야기를 나눈다. / 来看音乐剧《阿依达》的宥真和在旭，在公演前半场结束休息时，聊起了音乐剧的内容。)

유진 와~ 배우들이 정말 노래를 잘한다.

재욱 응. 특히 '아이다'의 목소리는 배역에 잘 어울려.

유진 강인한 목소리가 매력적이야.

재욱 목소리를 듣고 보니 두 명의 여자 주인공이 서로 다른 성격을 노래로 표현하는 것 같아.

유진 (게시판에 있는 안내문을 가리키며 / 指着告示牌上的说明文) 비상 대피도?

재욱 공연장에서 재난이 발생했을 때 대피하는 방법을 안내해주고 있어.

유진 그렇구나. 그런데 결국 남녀 주인공은 어떻게 될까?

재욱 너 모르니? 내가 알려줄까?

유진 (귀를 막으며 / 堵住耳朵) 아니. 결말을 모르고 볼래.

재욱 (웃으면서 / 笑着) 알았어. 공연 시작한다. 들어가자.

(공연을 보며 유진은 남자주인공의 얼굴과 재욱의 얼굴이 겹쳐지는 것이 느껴진다. / 看着音乐剧的宥真，感觉男主人公与在旭长得有些神似。)

재욱 공연 재미있었니?

유진 응, 〈아이다〉야말로 최고의 공연이야. 친구들에게 입에 침이 마르도록 자랑할거야.

재욱 (웃으면서 / 笑着) 그렇게 재미있었니? 공연의 감동을 너와 함께 해서 정말 좋다.

아이다의 목소리는
배역에 잘 어울려요.

강인한 목소리가
매력적이에요.

결국 남녀 주인공은
어떻게 될까요?

모르세요?
제가 알려줄까요?

공연 재미있었어요?

정말 멋진 공연이었어요.

입에 침이 마르다

- 입안에 있는 침이 마를 정도로 거듭해서 말한다는 뜻

예 여행을 갔다 온 친구가 <u>입에 침이 마르도록</u> 여행 이야기를 했다.

이번 시험에 좋은 성적을 받아서 <u>입에 침이 마르도록</u> 자랑을 하고 다녔다.

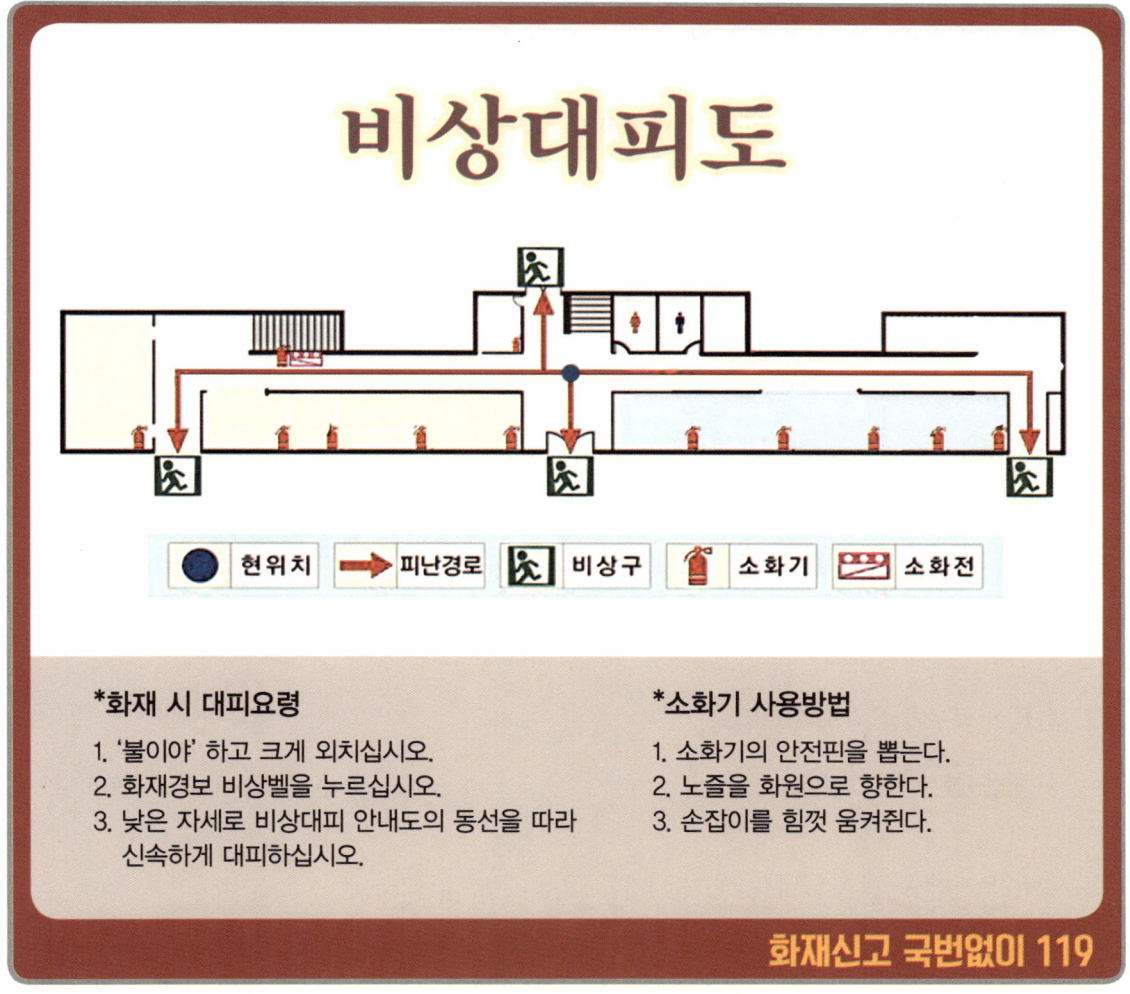

비상대피도

| ● 현위치 | ➡ 피난경로 | 🏃 비상구 | 🧯 소화기 | 소화전 |

*화재 시 대피요령

1. '불이야' 하고 크게 외치십시오.
2. 화재경보 비상벨을 누르십시오.
3. 낮은 자세로 비상대피 안내도의 동선을 따라 신속하게 대피하십시오.

*소화기 사용방법

1. 소화기의 안전핀을 뽑는다.
2. 노즐을 화원으로 향한다.
3. 손잡이를 힘껏 움켜쥔다.

화재신고 국번없이 119

1. 화재 시 대피요령은 무엇입니까?

2. 소화기 사용 시 제일 먼저 해야 할 일은 무엇입니까?

3. 비상벨은 어디에 있습니까?

4. 비상구는 어디에 있습니까?

5. 소화기 사용방법을 말해보세요.

구문연습

1 **-고 보니** 表示 "做…之后，发现（觉得、才知道…）"。

• 앞말이 뜻하는 행동을 하고 난 후에 뒷말이 뜻하는 사실을 새로 깨닫게 됨을 나타내는 표현

> **보기**
> 저 친구는 노래를 정말 잘한다.
>
> ▶ **듣고 보니** 정말 매력적인 목소리야. (듣다)

연습문제

※ 다음 빈칸에 알맞은 단어를 넣어 문장을 완성해 보세요.

1. 소개팅에서 만난 사람은 어때요?

    ▶ 처음에 무뚝뚝했지만 _____ 재미있는 사람이었어요. (알다)

2. 한국어 공부가 아직도 어려워요?

    ▶ 처음에는 어려웠지만 _____ 점점 괜찮아요. (공부하다)

3. 같은 모자가 두 개가 있네요.

    ▶ _____ 집에 있는 모자와 같았어요. (사다)

4. 가지를 못 먹는다고 하셨지요?

    ▶ 호박인줄 알았는데 _____ 가지였어요. (먹다)

5. 두 분이 서로 아는 사이예요?

    ▶ _____ 같은 학교 출신이었어요. (알다)

2 **ー(이)야 말로** 表示强调指定所叙述的对象，谓语一般是体词谓语。相当于汉语的 "真是"、"才是" 的意思。

• 강조를 나타내는 표현.

> **보기**
>
> 공연 재미있었니?
>
> ▶ 응, <u><아이다> 야말로</u> 최고의 공연이야. (아이다)

연습문제

※ 다음 빈칸에 알맞은 단어를 넣어 문장을 완성해 보세요.

1. 한국에서 가장 맛있는 음식이 무엇이라고 생각해요?

   ▶ 저는 ＿＿＿＿＿＿＿＿＿＿＿＿＿＿＿＿ 최고의 음식이라고 생각해요. (김치)

2. 토지 다 읽었어요?

   ▶ 저는 ＿＿＿＿＿＿＿＿＿＿＿＿＿＿＿＿ 최고의 책이라고 생각해요. (토지)

3. 쇼팽 음악 들어보셨어요?

   ▶ 저는 ＿＿＿＿＿＿＿＿＿＿＿＿＿＿＿＿ 최고의 음악가라고 생각해요. (쇼팽)

4. 연애할 때 무엇이 가장 중요하다고 생각해요?

   ▶ 저는 ＿＿＿＿＿＿＿＿＿＿＿＿＿＿＿＿ 최고의 가치라고 생각해요. (믿음)

5. 이 선생님 수업 들어보셨어요?

   ▶ 저는 ＿＿＿＿＿＿＿＿＿＿＿＿＿＿＿＿ 최고의 선생님이라고 생각해요. (이 선생님)

28과 건배

학습목표

• 발표하기

액자 相框

된장찌개 大酱汤

집게 夹子

접시 碟子

가스레인지 燃气灶

공기밥 米饭

간장 酱油

참기름 香油

석쇠 烧烤架

삼겹살 五花肉

소주 烧酒

대화

(공연 시간에 맞추느라 저녁도 먹지 못한 두 사람은 밥을 먹으러 식당에 들어간다. / 由于音乐剧时间问题，俩个人晚饭都没来得及吃，音乐剧结束后，俩个人立刻去了饭店。)

재욱　배고프지? 공연 시간 맞추느라 저녁도 먹지 못했잖아.

유진　우리 삼겹살 먹을까?

재욱　좋지. 손발이 딱딱 맞네!

유진　하하 고기부터 주문할까?

(주문벨을 누르자 직원이 온다. / 正要按铃的时候服务员走了过来。)

직원　주문하시겠어요?

유진　여기 삼겹살 2인분하고 소주 하나 주세요.

재욱　참! 배고플 텐데 된장찌개랑 공기밥도 시킬까?

유진　좋기는 하지만 살이 찔 것 같아.

재욱　날씬하고 예쁘기만 해. 된장찌개도 주세요.

직원　네, 잠시만 기다리세요.

(소주를 마시며 두 사람은 즐거운 이야기를 주고 받는다. / 俩个人一边喝烧酒一边愉快地聊天。)

유진　공연을 보고 있는데 남자주인공의 대사가 너의 말처럼 느껴졌어.

재욱　(웃으며 / 笑着) 그랬니? 사랑에 빠진 사람들은 비슷한 감정을 갖게 되나 봐.

유진　그럴듯한데.

재욱　우리 앞으로도 이렇게 웃는 날만 계속되면 좋겠어.

유진　그런 의미에서 건배!

배고프지요? 공연 시간 맞추느라
저녁도 먹지 못했잖아요.

우리 삼겹살 먹을까요?

주문하시겠어요?

여기 삼겹살 2인분하고
소주 하나 주세요.

우리 앞으로도 이렇게 웃는 날만
계속되면 좋겠어요.

그런 의미에서 건배!

손발이 맞다

• 마음이나 의견, 행동 방식 따위가 서로 잘 맞는다는 뜻

예 도둑질을 해도 <u>손발이 맞아야</u> 한다.

<u>손발이 척척 맞아서</u> 오늘 할 일이 빨리 끝났다.

메뉴판

[주류]
소주 5,000원
생맥주 500cc 6,000원

[식사류]
메기매운탕 25,000원
한우불고기 12,000원

[안주류]
마른 안주   10,000원
치킨 샐러드 11,000원
골뱅이 무침 12,000원

[세트 메뉴]
소주 1병+골뱅이 무침 15,000원
생맥주 2잔+치킨 샐러드 20,000원

*모든 메뉴 포장됩니다.
*쇠고기 : 국내산, 김치 : 중국산

1. 한우불고기는 얼마입니까?

2. 마른 안주와 생맥주 2잔을 주문하면 얼마입니까?

3. 김치의 원산지는 어디입니까?

4. 포장이 가능한 메뉴는 무엇인가요?

5. 쇠고기의 원산지는 어디입니까?

구문연습

1 **-느라** 表示一个正在进行过程中的动作，它与后面的事实是原因和结果的关系。

• 앞 절의 사태가 뒤에 나오는 절의 사태에 목적이나 원인이 됨을 나타내는 연결 어미

보기

벌써 저녁이네. 배고프지 않아?

▶ 공연 시간 **맞추느라** 저녁도 먹지 못했잖아. (맞추다)

연습문제

※ 다음 빈칸에 알맞은 단어를 넣어 문장을 완성해 보세요.

1. 오늘 왜 지각했니?

   ▶ 과제를 _____ 늦게 잤어요. (준비하다)

2. 아까 전화했는데 왜 안 받았어요?

   ▶ 심부름을 _____ 연락을 못 받았어요. (가다)

3. 얼굴이 빨개요. 어디 아파요?

   ▶ 아니요, 수업에 늦을까 봐 _____ 그래요. (뛰어오다)

4. 주말에 잘 쉬었어요?

   ▶ 동생을 _____ 쉬지 못했어요. (돌보다)

5. 요새 많이 바쁜 것 같아요.

   ▶ 요즘 아르바이트를 _____ 많이 바빠요. (하다)

2 **-기는 하다** 表示强调确认某件事实。相当于汉语的 "…是…"。常用于表示转折关系的句子中。

• 상대방의 말을 부분적으로 동의하거나 인정할 때 사용하는 표현

> 보기
>
> 요즘 살이 빠진 것 같아요.
>
> **잘 먹기는 해요.** 그런데 살이 자꾸 빠져요. (잘 먹다)

연습문제

※ 다음 빈칸에 알맞은 단어를 넣어 문장을 완성해 보세요.

1. 오늘 개강모임에 와요?

▶ 저도 ＿＿＿＿＿＿＿＿＿＿＿＿＿＿. 그런데 약속이 있어서 못 가요. (가고 싶다)

2. 한국 노래 부를 수 있어요?

▶ 노래를 ＿＿＿＿＿＿＿＿＿＿＿＿＿＿. 그렇지만 잘 못해요. (부르다)

3. 옷에 껌이 붙었어요. 어떡해요?

▶ 세탁소에서 ＿＿＿＿＿＿＿＿＿＿. 하지만 완벽하게 지울 수 없어요. (지우다)

4. 오늘 시험 잘 봐요.

▶ 공부를 열심히 ＿＿＿＿＿＿＿＿＿＿. 그런데 못 볼까 봐 걱정 돼요. (하다)

5. 오늘 날씨 어때요?

▶ 글쎄요. 비가 ＿＿＿＿＿＿＿＿＿＿. 그런데 많이 오지는 않아요. (오다)